W0191501

Knaur.

Im Knaur Taschenbuch Verlag ist bereits
folgendes Buch des Autors erschienen:
Gestatten Bestatter! Bei uns liegen Sie richtig

Über den Autor:
Peter Wilhelm ist seit 30 Jahren im Bestattungsgewerbe tätig. Als »Tom, der Undertaker« betreibt er seit ein paar Jahren den preisgekrönten »Bestatterweblog« und gewährt humorvolle Einblicke in seinen ungewöhnlichen Arbeitsalltag.

PETER WILHELM

Darf ich meine Oma selbst verbrennen?

… und andere skurrile Fragen an
Deutschlands bekanntesten Bestatter

KNAUR TASCHENBUCH VERLAG

Besuchen Sie uns im Internet:
www.knaur.de

Originalausgabe Oktober 2011
Knaur Taschenbuch
© 2011 Knaur Taschenbuch
Ein Unternehmen der Droemerschen Verlagsanstalt
Th. Knaur Nachf. GmbH & Co. KG, München.
Alle Rechte vorbehalten. Das Werk darf – auch teilweise –
nur mit Genehmigung des Verlags wiedergegeben werden.
Redaktion: Ulrike Strerath-Bolz
Umschlaggestaltung: ZERO Werbeagentur, München
Umschlagabbildung: N. Reitze de la Maza
Satz: Adobe InDesign im Verlag
Druck und Bindung: GGP Media GmbH, Pößneck
Printed in Germany
ISBN 978-3-426-78427-3

Für Anke, Rouven und Josie

INHALT

VORWORT

Das Sterben, der Tod und alles, was damit in Zusammenhang steht, ist für viele Menschen immer noch ein großes Tabuthema. Viele wollen sich einfach ganz bewusst nicht mit der eigenen Vergänglichkeit beschäftigen, möchten dieses Thema einfach ausblenden und würden am liebsten gar nicht daran erinnert.

Doch immer mehr Menschen gehen auch einen völlig anderen Weg. Sie setzen sich ganz offen mit dem Thema »Tod« auseinander und stellen sich der Herausforderung.

Ich bin der Meinung, dass man die Zeit, in der man selbst von einem Sterbefall unbelastet ist, ruhig dazu nutzen sollte, sich mit der Materie auseinanderzusetzen und einen Blick hinter die Kulissen zu werfen. Denn nur wer sich mit dem Thema schon einmal beschäftigt hat, verfügt über das Wissen, um eines Tages möglicherweise unverkrampfter und vielleicht auch mit etwas weniger Angst mit der Sache umgehen zu können.

In meinem ersten Buch zu diesem Thema: »Gestatten, Bestatter! Bei uns liegen Sie richtig«, das ein großer Erfolg geworden ist, erlaube ich dem Leser in einer Mischung aus heiteren und nachdenklichen Geschichten einen Blick hinter die Kulissen des Bestattungsgewerbes. Die Geschichten erzählen immer auch von menschlichen Schicksalen, doch schildern sie auch die Abläufe in einem Gewerbe, von dem man sonst nur wenig weiß.

Nach diesem Buch kam eine Vielzahl von Anfragen auf mich zu. Radiosender wollten Interviews, das Fernsehen drehte bei mir im Wohnzimmer, und mein Briefträger schleppte jeden Tag Fanpost und Briefe mit Fragen ins Haus. Die allermeisten Kontakte zu Leserinnen und Lesern hatte ich freilich bei Lesungen und per E-Mail über mein Weblog (www.bestatterweblog.de).

Natürlich waren die meisten Fragen und Zuschriften sinnvoll und angemessen; es gab aber auch solche, die ich zweimal oder dreimal lesen musste, bevor ich unter der Kruste des unfreiwilligen Humors überhaupt den Sinn erkennen konnte. Aber aus meiner langjährigen Erfahrung mit dem Gewerbe des Bestatters bin ich es gewöhnt, dass die Menschen uns die aberwitzigsten Fragen stellen.

Das vorliegende Buch ist eine Sammlung von Leserfragen, Zuschriften, Anrufen und Begegnungen. Die kuriosesten Fragen und die merkwürdigsten Dialoge habe ich hier zusammengetragen.

Damit aber auch dieses Buch seinen Zweck erfüllen kann, den Leserinnen und Lesern einen Einblick in die Arbeit des Bestatters zu geben, habe ich dort, wo ich es für sinnvoll gehalten habe, jeweils ein paar ernstere Erläuterungen eingefügt.

Bei dieser Gelegenheit möchte ich auch mit einigen urbanen Legenden und jahrhundertealten Vorurteilen, mit weitverbreiteten Irrtümern und Fehlmeinungen aufräumen und ein wenig Aufklärung betreiben.

Und natürlich gibt es auch wieder humorvolle Geschichten rund um das Thema Bestattung und aus meinem früheren Bestattungshaus.

In der Hauptsache soll auch dieses Buch Sie aber unterhalten, und deshalb wünsche ich Ihnen von ganzem Herzen:

Gute Unterhaltung!

Peter Wilhelm
Heidelberg, im Januar 2011

Allerlei Fragen
an den Bestatter

Sehr viele Menschen stellen mir Fragen zum Thema Bestattung, Tod und Trauer. Nicht immer sind diese Fragen sinnvoll, und manche sind schon vom Ansatz her eher komisch.

Aus etwa zweitausendfünfhundert Fragen, die in den letzten beiden Jahren zusammengekommen sind, habe ich die skurrilsten hier zusammengestellt. Und damit Sie auch etwas lernen können, habe ich die Antworten gleich mitgeliefert.

Wie verhalte ich mich, wenn ich im Treppenhaus auf eine Leiche treffe?

Ich bekomme jeden Tag Dutzende von Mails und Briefen, in denen mich die Menschen um Rat in Fragen rund um die Bestattung bitten.

In diesem Fall ist eine Frau im Treppenhaus auf Bestattungshelfer mit einer Leichentrage gestoßen.

Frage

Neulich wollte ich die beiden Kinder meines Bruders zu gemeinsamen Unternehmungen abholen.

Als ich dort ankam, standen Kranken- und Notarztwagen vor dem Haus. Ich lief ganz schnell nach oben, es hätte ja auch etwas mit den Kindern sein können. Das war aber nicht der Fall.

Später ging ich dann mit den Kindern die Treppe hinunter, und eine Treppe tiefer kamen zwei Herren mit einer Leichentrage aus einer Wohnung.

Die Kinder und ich traten einige Stufen zurück, doch einer der Herren sagte, dass es eine Frechheit sei, in so einem Augenblick dazuzustoßen, und ob ich denn keinen Anstand hätte und so.

Ich muss nun ehrlich zugeben, dass ich mir eigentlich keiner Schuld bewusst bin. Man kann doch nicht ahnen, dass dort ein Bestattungsunternehmen gerade einen Verstorbenen abholt. Um nicht wegen des Krankenwagens und Arztes im Weg zu sein, hatte ich extra etwas abgewartet.

Einen Leichenwagen hatte ich vorher nicht gesehen und war auf die Bestatter nicht vorbereitet. Wir haben uns auch nicht vorbeigedrängt, sondern haben gewartet.

Meine Frage ist nun: Habe ich mich tatsächlich falsch verhalten?

Antwort

In so eine Situation kann man schnell geraten, und wenn man die einfachsten Anstandsregeln einhält, kann man eigentlich nichts falsch machen.

Natürlich läuft man als Nachbar nicht neugierig aus der Wohnung, um den Bestattungshelfern zuzugucken. Das erleben die Bestatter aber immer wieder, und oft müssen sie sich mit der schweren Trage einen Weg durch die Gaffer bahnen.

Aber normalerweise haben die Leute ein Gespür für die Situation, und das Tabu und die Abscheu vor dem Tod lassen sie von selbst zurückweichen und in ihren Wohnungen bleiben.

Wenn man aber in einem Treppenhaus unvermittelt auf zwei Männer mit einer Leichentrage stößt, sollte man schauen, dass man nicht im Weg steht, und sich – das, meine ich, gebietet der Anstand – ruhig und zurückhaltend verhalten.

Freudenbekundungen jeglicher Art sind zu unterlassen, auch wenn man den betreffenden Nachbarn vielleicht nicht mochte. Es ist auch nicht angebracht, in dieser Situation den eventuell anwesenden Hausmeister zu fragen, ob jetzt eine Wohnung frei wird.

Es versteht sich hoffentlich von selbst, dass man nicht in die Wohnung des Verstorbenen eindringt, um sich etwas von den Sachen auszusuchen, die »der ja jetzt nicht mehr braucht«. Und Annäherungsversuche an die möglicherweise vorhandene Witwe sollte man ebenfalls auf einen späteren Zeitpunkt verschieben.

Die Bestattungshelfer brauchen sicher keine Ratschläge, wie man den Leichentransport besser gestalten könnte, und die Frage »Is' der schwer?« möchten sie auch nicht hören.

Um auf die Frage zurückzukommen: Sie haben sich mit den Kindern vollkommen korrekt verhalten.

WIE LANGE DAUERT ES IN POLEN?

Manche Fragen, die mich erreichen, benötigen glücklicherweise gar keine lange Antwort. Man kann sie kurz und knapp beantworten. So auch bei dieser Zuschrift hier:

Frage

Sehr geehrter Herr Bestatter,

eine Frage interessiert uns brennend, weil wir ganz im Osten der Republik wohnen und sehr viel Berührung mit unseren polnischen Nachbarn haben. Mein Mann spricht sogar etwas Polnisch.

Bitte sagen Sie uns doch die Antwort auf folgende Frage: Wie lange dauert es in Polen vom Tod bis zum Sterben?

Antwort

Ja.

KANN LEICHENGIFT EINE BRAUT TÖTEN?

Immer wieder erreichen mich Fragen zum Thema »Leichengift«. Es ist ein unausrottbarer Volksglaube, Leichen seien giftig oder in ihnen würde sich gleich nach dem Eintritt des Todes schlagartig Leichengift bilden – schon vom bloßen Anschauen einer Leiche könne man krank werden.

Mehr zum Thema Leichengift erzähle ich weiter unten.

Zunächst kommt hier eine Frage, die sich eben auf dieses Leichengift bezieht.

Frage

Meine Familie und ich haben in einer Zeitschrift die Nachricht gelesen, dass eine junge Frau heiraten wollte und sich in einem Secondhand-Laden ein gebrauchtes Brautkleid gekauft haben soll. Dagegen spricht ja auch nichts, denn Brautkleider sind ja sehr teuer und werden meist nach der Hochzeit nie wieder getragen.

Es hieß in dem Artikel aber weiter, die Frau habe das wunderschöne Kleid mit einer langen Schleppe und einem hübschen Schleier dann am Hochzeitstag das erste Mal längere Zeit getragen, und sie sei dann auf der Treppe zur Kirche tot umgefallen.

Was sie nicht gewusst hatte: Das Kleid hatte ein Leichenbestatter dem Secondhand-Laden verkauft, und es stammte von der Beerdigung einer jungen Frau, die kurz vor ihrer Hochzeit gestorben war. Sie war in dem Kleid aufgebahrt worden, und so war Leichengift in den Stoff eingezogen. Dieses Leichengift hat die andere Braut nun über die Haut aufgenommen und ist daran verstorben.

Meine Frage nun: Ist Leichengift denn wirklich so schädlich, und was kann man dagegen machen?

Antwort

Es handelt sich hier um eine jener urbanen Legenden, die immer wieder durch bestimmte Teile der Presse geistern. Solche Geschichten sind frei erfunden, denn Leichengift gibt es nicht.

In Wikipedia, der freien Enzyklopädie, heißt es unter dem Stichwort »Leichengift«: »Als Ptomaine (von altgr. ptōma, Leiche) – auch Leichengift, Leichenbase oder Leichenalkaloid – werden die bei der Fäulnis von Eiweiß infolge mikrobieller Zersetzung von Lysin und Ornithin durch Decarboxylierung entstehenden relativ ungiftigen biogenen Amine Cadaverin und Putrescin bezeichnet, die ein Grund für den Verwesungsgeruch von Leichen sind. Lediglich das durch Dehydratation von Cholin entstehende Neurin besitzt eine gewisse akute Toxizität. Daneben spielen auch Schwefelverbindungen wie Schwefelwasserstoff eine Rolle, die zwar an sich giftig sind, aber nicht in hoher Konzentration vorliegen. (...) Im Umgang mit Leichen etwa in Bestattungsunternehmen gilt, dass eine schädliche Wirkung infolge Hautkontakt oder Einatmung von ›Leichengift‹ ausgeschlossen ist.«

Selbstverständlich kann man sich aber an einem Leichnam infizieren. Es ist ja immerhin möglich, dass der Verstorbene an einer ansteckenden Krankheit gelitten hat, und deshalb müssen die Bestattungshelfer aufpassen, weder über den Mund noch durch Injektion oder andere Verletzungen Blut oder Körperflüssigkeiten des Verstorbenen aufzunehmen.

Zwar überleben die meisten Viren außerhalb des Körpers und in einem Verstorbenen nicht sehr lange, aber es kommen neben Bakterientoxinen auch mikrobielle Infektion und durch Eiweißfäulnis entstehende Spaltprodukte als Krankmacher in Frage.

Das bedeutet für denjenigen, der ständig mit Toten zu tun hat und in der Regel über ihre Vorgeschichte nicht allzu viel weiß, dass er schon aus Vorsicht gewisse hygienische Grundregeln beachtet. Dazu gehört das Tragen von Gummihandschuhen, dazu gehören aber auch entsprechende Desinfektionsmaßnahmen am Bestattungswagen und am Arbeitsgerät.

Grundsätzlich gilt jedoch, dass sich ein Mensch nur dadurch, dass er soeben gestorben ist, nicht automatisch und unverzüglich in einen gefährlichen Leichengiftabsonderer verwandelt.

Alles, was man kurz vor dem Tod eines Menschen mit ihm tun kann, ist auch danach noch vollkommen ungefährlich. Man darf Tote also ohne weiteres streicheln und anfassen, und es spricht auch nichts dagegen, etwa beim Ankleiden und Einsargen mitzuhelfen.

Man muss auch nicht die ganze Wohnung mit Chlor auswaschen, nachdem jemand gestorben ist.

Dass jemand durch das Tragen eines Kleidungsstücks, das zuvor ein Toter getragen hat, vergiftet wird, das gehört ganz sicher ins Reich der Märchen.

WACHSEN DIE HAARE VON TOTEN MENSCHEN WEITER?

Dies ist eine der am häufigsten gestellten Fragen. Sie wird fast so häufig gestellt wie die Frage, ob denn der Sarg mitverbrannt wird.

Frage
Meine Oma hat uns erzählt, dass bei ihrer Schwester, die 1947 früh verstorben ist, in der Leichenhalle die Haare noch etwa einen Zentimeter gewachsen sind. Sie schwört, dass man deutlich einen andersfarbigen Ansatz an der Kopfhaut gesehen habe.

Ich habe nun im Internet recherchiert und viele Anhaltspunkte dafür gefunden, dass Haare auch nach dem Tod noch wachsen. Wie kommt das, der Mensch ist doch tot?

Antwort
Dieses Gerücht hält sich seit Jahrhunderten, und es ist auch durch Aufklärung nicht auszurotten.

Für die Menschen ist es halt interessanter und spannender, an irgendetwas Übernatürliches und Ungewöhnliches zu glauben, als der schlichten und wenig spannenden Realität ins Auge zu blicken.

Die Antwort findet man natürlich bei der allwissenden Online-Enzyklopädie Wikipedia. Dort steht es kurz und prägnant im Artikel »Haar«: »Haare wachsen ständig, auch bei

Menschen, die im Koma liegen. Dagegen beruht das scheinbare Wachstum der Barthaare bei kürzlich Verstorbenen auf der Schrumpfung der Haut durch Wasserverlust.«

SEEBESTATTUNG FÜR NICHTSCHWIMMER?

Hin und wieder, vor allem dann, wenn ich den Eindruck habe, dass der Fragesteller aus reiner Neugier fragt und nicht von einem aktuellen Trauerfall belastet ist, oder wenn ich fast das Gefühl habe, der Fragesteller möchte mich auf den Arm nehmen, lasse ich mich bei besonders blöden Fragen aber auch zu gleichermaßen blöden Antworten hinreißen:

Frage
Geht 'ne Seebestattung auch, wenn man Nichtschwimmer ist?

Antwort
Grundsätzlich nein! Entweder lässt man sich mit einem Schwimmer zusammen einäschern, oder man bucht schon zu Lebzeiten einen Schwimmkurs. Die Bestatterverbände bieten seit geraumer Zeit gemeinsam mit den Seniorenverbänden und der DLRG in den Altersheimen Seniorenschwimmkurse an. Statt eines Seepferdchens darf man sich dann einen grauen Panther oder eine graue Piratenflagge an den Schwimmanzug nähen.

Ohne die entsprechende Bescheinigung gibt es für Nichtschwimmer keine Seebestattung.

Schwimmt der Sarg nicht oben?

Da wir gerade beim Thema Seebestattung sind, habe ich gleich noch eine passende Frage mit Antwort.

Frage
Was ich immer schon mal wissen wollte: Wie verhindert man, dass bei einer Seebestattung der Sarg auf der Wasseroberfläche schwimmt?

Antwort
Seebestattungen werden nur mit der Totenasche in einer auflösbaren Urne durchgeführt, nicht mit Särgen. Im Gegensatz zum Seemannsbegräbnis auf hoher See, bei dem man einen ganzen Leichnam der See übergibt, wird also nur die Asche beigesetzt.

Würde man, was nicht üblich ist, Särge verwenden, könnte ich mir vorstellen, dass man einem Aufschwimmen des Sarges durch die Anbringung geeigneter Bohrlöcher im Sarg entgegenwirken könnte.

Seemannsgrab

Frage
Mein Mann wünscht sich ein Seemannsgrab.

Wie geht denn das vor sich?

Und wie finde ich später die Stelle im Meer wieder, um zum Beispiel mal ein paar Blümchen auf sein Grab zu legen oder eine Kerze aufzustellen?

Antwort

Bei einer Seebestattung erhalten Sie von der Seereederei einen Auszug aus dem Schiffslogbuch und eine Seekarte, auf der die Beisetzungsstelle markiert ist.

Gegen eine Gebühr können Sie sich von der Reederei später wieder an diese Stelle im offenen Meer fahren lassen und dort Blumen über Bord werfen. Kerzen sind weniger zweckmäßig.

INFORMATIONEN ZUM THEMA SEEBESTATTUNG

Da ich sehr viele Fragen zum Thema Seebestattung erhalte, folgt hier eine Zusammenfassung der interessantesten Informationen.

Inzwischen gibt es zahlreiche Alternativen zu den grabpflegebedürftigen Bestattungsformen, etwa das anonyme Grab oder die Beisetzung im Friedwald. Daher sollte man annehmen, Seebestattungen würden an Zuspruch verlieren. Dem ist aber nach meiner Beobachtung nicht so. Tatsächlich verlieren immer mehr Menschen ihre Scheu vor alternativen Bestattungsformen, und eine Seebestattung wird heute als durchaus gleichwertige Bestattungsform angesehen.

Heute versteht man unter einer Seebestattung hierzulande die Übergabe der Totenasche an die See. Im Gegensatz dazu steht die Schiffsbestattung, bei der auf hoher See der ganze Körper eines Verstorbenen ins Meer gegeben wird. Heutzutage, wo fast alle größeren Schiffe über geeignete Kühlräume verfügen und die Häfen schneller erreicht werden können bzw. Verstorbene auch mit Versorgungsschiffen oder

Helikoptern abgeholt werden können, haben die Schiffsbestattungen »über die Planke« an Bedeutung verloren.

Aus früheren Zeiten und aus anderen Kulturen sind auch Bestattungsriten überliefert, bei denen der ganze Körper auf einem Boot dem Meer überantwortet wird, oft verbunden mit dem Anzünden des davonfahrenden Bootes (so beispielsweise bei den Wikingern).

Aber wie gesagt: Hier geht es um die Seebestattung, bei der die Asche in einer Seeurne dem Meer übergeben wird.

Schon seit 1934 ist es in Deutschland möglich, statt der üblichen Sarg- oder Urnenbestattung eine Seebestattung durchführen zu lassen. Hierbei wird die Asche des Verstorbenen außerhalb der Dreimeilenzone »über rauhem Grund« in einer auflösbaren Urne dem Meer übergeben.

Von rauhem Grund spricht man bei Zonen, in denen nicht gefischt und auch in der Regel kein Wassersport getrieben wird. Die Urne besteht aus einem Material, das sich im Wasser auflöst, beispielsweise Zellulose oder ein gepresstes Sand-Salz-Gemisch oder Maisstärke usw. Es ist ihr aber zumeist nicht anzusehen, dass sie nicht aus einem dauerhaften Material besteht.

Möglich sind solche Bestattung in fast jedem Meer. Hierzulande werden Nord- und Ostsee bevorzugt, möglich sind aber auch der Pazifik, das Mittelmeer usw.

Vom Ablauf her gestaltet sich die ganze Sache zunächst genauso wie eine herkömmliche Urnenbeisetzung. Am Heimatort des Verstorbenen kann eine Trauerfeier mit dem Sarg stattfinden, und im Anschluss daran erfolgt die Einäscherung im Krematorium. Nur wird dann die Aschenkapsel nicht auf einen Friedhof gebracht, sondern einer Seebestattungsreederei überstellt.

Diese füllt die Asche in die auflösbare Urne um.

Der Kapitän des Beisetzungsschiffes fährt am Beisetzungstag mit den Urnen an die vorher ausgesuchte Position, und dort werden die Urnen an einem Tau über Bord ins Wasser gelassen und sinken dann auf den Meeresgrund. Entgegen landläufiger Meinung und aufgrund von Untersuchungen des Deutschen Hydrographischen Institutes wissen wir, dass die Asche sich nicht mit dem Wasser vermischt und in alle Weltmeere verteilt wird. Stattdessen sinken die Urnen auf den Grund und lösen sich dort in etwa zwei Stunden auf. Die Asche bleibt als kleines Häufchen am Meeresgrund zurück und wird im Laufe der Zeit vom Sediment überdeckt.

Je nachdem, ob es sich um eine stille Beisetzung oder eine mit Begleitung durch die Angehörigen handelt, werden die Seebestatter einen unterschiedlich großen Aufwand treiben. Ein paar letzte Worte und ein würdevolles Ablassen der Urne können auch bei stillen Beisetzungen vorausgesetzt werden. Allerdings ist es durchaus üblich, bei solchen Beisetzungsfahrten gleich mehrere Urnen zu versenken. Das Abspielen von Musik, besondere Kleidung und Ähnliches darf man bei einer stillen Beisetzung nicht erwarten.

Sind jedoch Angehörige eines Verstorbenen an Bord, gestalten die Seebestattungsreedereien die Seebestattungen ganz nach den Wünschen der Familie. Es wird Musik gespielt, oft eine Flagge auf Halbmast gesetzt und manchmal die Bootsmannspfeife geblasen. Selbstverständlich trägt die Besatzung Uniform, und auch eine Ansprache des Kapitäns kann man erwarten. In vielen Fällen werden noch Blumen oder Kränze ins Meer geworfen. Zunehmend verzichtet man aber aus Umweltschutzgründen auf größere Gebinde und verwendet nur noch einzelne Blumen oder lockere Gebinde, die ausschließlich aus Blumen/Pflanzen bestehen, die versinken können.

In der Regel wird bei einer solchen begleiteten Beisetzungsfahrt auch nur die Asche eines einzelnen Verstorbenen versenkt.

Anschließend werden die exakten Daten und die Position der Bestattung in das Logbuch des Schiffes eingetragen. Auch eine Urkunde mit Seekarte und ein Auszug aus dem Schiffstagebuch für die Angehörigen wird zumeist angefertigt.

Es ist regional sehr unterschiedlich, ob eine Seebestattung von der Kommune genehmigt werden muss. In vielen Fällen reicht ein Auftrag an einen Bestatter, bei dem man sich einfach für eine Seebestattung entscheidet. In anderen Fällen verlangt die Friedhofsverwaltung eine schriftliche Erklärung der Angehörigen, dass der Verstorbene sich in besonderer Weise mit der See verbunden fühlte.

Einmal mehr ist aber gerade an diesem Punkt zu erkennen, wie wichtig eine Bestattungsvorsorge sein kann. Denn man geht allen diesbezüglichen Zweifeln am besten dadurch aus dem Weg, dass man schon zu Lebzeiten die entsprechenden Vorkehrungen trifft und Erklärungen abgibt.

Ich schrieb es schon: Vom Ablauf her ist die Seebestattung zunächst einmal genauso wie eine Urnenbestattung auf dem Friedhof. Am Heimatort des Verstorbenen findet die übliche Trauerfeier statt. Hierbei können alle Freunde und Verwandten teilnehmen.

Nach der Einäscherung wird die Krematoriumsurne an eine Seebestattungsreederei geschickt.

Der Unterschied liegt in erster Linie darin, dass keine Grabstätte angekauft werden muss. Auch auf den oft sehr teuren Grabstein kann verzichtet werden, und es fällt keine jahrzehntelange Grabpflege an. Das wiegt den anfangs etwas höheren Preis einer Seebestattung bei weitem auf.

Diese Bestattungsform kommt allerdings nur für diejenigen in Frage, die eine wirklich anonyme Beisetzung wünschen, denn eines ist klar: Nach einer Seebestattung ist die Asche tatsächlich »weg«.

Um das zu verstehen, muss man wissen, dass bei anonymen Urnenbestattungen auf einem Friedhof viele Angehörige Probleme damit haben, dass der Verstorbene zwar anonym beigesetzt wurde, man aber doch ungefähr die Stelle kennt, an der er liegen könnte. So kommt dann oft nachträglich doch noch der Wunsch auf, die Urne wieder ausgraben und »richtig« bestatten zu lassen. Das geht bei einer Seebestattung definitiv nicht. Die einen mögen das als Vorteil empfinden, andere sehen darin eher einen Nachteil.

Man sollte sich diesen Schritt also sehr gut überlegen. Denn Tatsache ist, viele Hinterbliebene haben später Probleme mit der Seebestattung. Es fehlt jegliche Anlaufstelle, um die Trauer bewältigen zu können, und so wird oft eine innere Leere und ein fehlender Bezug(spunkt) empfunden.

Allerdings finden mehrmals im Jahr Gedenkfeiern für die Seebestatteten statt, z. B. am Marine-Denkmal in Laboe. Auf der Nordsee wie auch auf der Ostsee sind von unterschiedlichen Häfen aus Gedenkfahrten möglich. Viele Seebestattungsreedereien bieten nach vorheriger Anmeldung solche Gedenkfahrten an. Wenn die Angehörigen mehrerer Seebestatteter daran teilnehmen, sind diese Fahrten recht preisgünstig; individuelle Gedenkfahrten für eine Familie sind natürlich teurer.

Grundsätzlich ist es bei der Seebestattung ein ganz entscheidender Kostenfaktor, ob die Angehörigen an der Beisetzung teilnehmen wollen oder nicht.

Zu berücksichtigen ist übrigens auch noch der Umstand, dass Seebestattungen wetterabhängig sind. Wenn also Angehörige anreisen, um an einer Seebestattung teilzunehmen, so besteht durchaus die Gefahr, dass am geplanten Tag die Fahrt nicht stattfinden kann, weil eben das Wetter nicht mitspielt. Es sind Fälle bekannt, in denen die Familie fünf Tage im Hotel auf besseres Wetter gewartet hat und dann unverrichteter Dinge wieder nach Hause gefahren ist; die Urne wurde dann später ohne die Familie beigesetzt.

XXL-SÄRGE

Frage
In einem Fernsehbericht habe ich gesehen, dass es jetzt auch extrabreite und extralange Särge für große und dicke Menschen gibt. Ich bin aber nur 1,49 Meter groß und stelle mir jetzt die Frage, ob es wohl auch Särge für besonders kleine Menschen gibt. Ich möchte da nicht benachteiligt werden.

Antwort
Bei übergroßen und extrem übergewichtigen Menschen ergibt sich das Problem, dass diese in einen normalen Sarg nicht hineinpassen würden. Bei sehr schlanken oder sehr kleinen Menschen hat man diese Problematik nicht. Sie werden auf jeden Fall in einen herkömmlichen Sarg passen.

Allerdings gibt es natürlich auch Särge für Kinder und Jugendliche, die entsprechend kleiner sind. Auf ausdrücklichen Wunsch kann der Bestatter auch bei kleinen Erwachsenen einen solchen Sarg verwenden.

Im Ernst: Es gibt inzwischen extra lange und extra breite Särge und solche, die sowohl länger als auch breiter sind. Diese kann der Bestatter besorgen. Man muss nur darauf achten, dass die Mitarbeiter des Friedhofs, die das Grab ausheben, über die besonderen Ausmaße des Sarges informiert wurden, sonst kann es so gehen wie in der folgenden kurzen Geschichte.

Grubenunglück

»Au Backe, das gibt Ärger!«, habe ich gedacht, als mich meine Mitarbeiterin vom Friedhof aus anrief. Schon vor Tagen hatten wir einen Sarg zu dem großen städtischen Friedhof gebracht, und an diesem Tag sollte die Beerdigung dort stattfinden.

Weil der Verstorbene mit rund hundertfünfzig Kilogramm als leicht übergewichtig eingestuft werden konnte, hatte die Familie eine stattliche Truhe in Extrabreite ausgesucht. Solche besonders breiten oder auch die besonders langen Särge für sehr große Menschen müssen bei der Friedhofsverwaltung gesondert angemeldet werden. Es ist ja klar: Die Totengräber müssen natürlich auch ein entsprechend großes Loch ausbaggern.

Die Mitarbeiterin war ganz aufgeregt am Telefon: »Chef, große Katastrophe! Der Sarg passt nicht in die Grube, das Loch ist zu klein. Jetzt steh ich hier mit dem Pfarrer und den Leuten, und der Sarg steht auf zwei quergelegten Holzbohlen über dem Grab und kann nicht runtergelassen werden, weil das Loch viel zu schmal ist. Was mach' ich denn bloß?«

So etwas – oder so etwas Ähnliches – passiert nicht oft, aber es passiert eben alle Jubeljahre doch einmal. Zumindest hört man das aus Kollegenkreisen so. Entweder haben die

Friedhofsmänner sich einfach vertan oder sie haben die Schalungsbretter zu eng gesetzt, irgendwas kann immer schiefgehen.

Uns war das erst einmal so ergangen, und das lag auch schon über ein Jahrzehnt zurück. Nach dem ersten Vorfall hatten wir nämlich immer penibel nachgemessen. Weil dann aber jahrelang immer alles gepasst hatte, auch bei großen Särgen, hatten wir irgendwann wieder darauf verzichtet.

Was soll man in einer solchen Situation tun? Man könnte die Angehörigen zusehen lassen, wie der Bagger anrollt, der Sarg beiseitegestellt wird und das Grab etwas vergrößert wird. Aber wäre das ein schöner Anblick?

Da standen also nun die Angehörigen, leises Getuschel war zu vernehmen, und meine Mitarbeiterin stand etwas abseits und telefonierte mit mir.

Ich sagte ihr: »Okay, da kann man jetzt nichts mehr ändern. Nehmen Sie die Leute, gehen Sie mit ihnen in die Gaststätte gegenüber vom Friedhof und ziehen Sie einfach das Kaffeetrinken vor!«

Glücklicherweise war die Witwe sofort damit einverstanden und sah auch die Schuld eher bei ihrem dicken Mann als beim Bestatter oder bei den Totengräbern.

Also zog die ganze Trauergesellschaft in die Friedhofsgaststätte, und zwei Stunden später versammelte man sich wieder am Grab, das nun die erforderliche Größe hatte.

Beschwert hat sich übrigens niemand, nur einige Trauergäste von auswärts, die das mit dem zu schmalen Loch gar nicht mitbekommen hatten, fanden, dass es eine gute Idee sei, nach der Trauerfeier in der Halle erst eine Stärkung zu sich zu nehmen und dann nochmals zum Grab zu gehen. Sie sollen gesagt haben: »Wenn man ein paar Schnäpse getrunken hat, dann trauert es sich leichter.«

EINE SCHWIERIGE FRAGE

Immer wieder erreichen mich Anfragen von Frauen, die ein Kind verloren haben. Erstaunlich viele von ihnen können nur schwer loslassen und trauern auch noch nach vielen Jahren so um das verstorbene Kind, als sei es erst gestern gestorben.

Frage

Ich habe vor achtundzwanzig Jahren ein Kind im Alter von drei Wochen verloren und mich seitdem intensiv mit der Thematik beschäftigt. Ein weiteres Kind haben mein Mann und ich uns versagt, weil wir die Erinnerung an den kleinen Stefan wachhalten wollten. Jetzt lässt sich das Grab aber nicht mehr verlängern und läuft in spätestens vierundzwanzig Monaten ab.

Kann man jetzt noch eine Umbettung in Auftrag geben? Und was wird uns da wohl erwarten, wenn wir am Grab stehen und bei der Umbettung dabei sind?

Antwort

Mir ist kein Fall bekannt, in dem Angehörige an einer Umbettung teilnehmen durften, zumindest nicht an dem Teil, bei dem das erste Grab geöffnet wird. Nach über achtundzwanzig Jahren dürfte aber außer Fragmenten nichts mehr vorhanden sein. Sofern die Friedhofsverwaltung eine Umbettung überhaupt vornimmt, würde sich wohl überwiegend und mehr symbolisch Graberde im Umbettungssarg befinden.

VAMPIRE

Die allseits beliebten Vampir-Romane und -Filme regen die Phantasie mancher Menschen offenbar sehr an. Manche unterscheiden irgendwann nicht mehr so ganz genau zwischen Märchen und Wirklichkeit.

Frage
Mal eine besondere Frage, die mich und meinen Freund sehr beschäftigt. Hast du schon mal einen Sarg mit einem Vampir beerdigt? Bitte antworten, ist kein Spaß!!!!

Antwort
Vampire bekommen immer ein Urnenbegräbnis, weil durch das Kellerfenster Sonnenlicht in unseren Behandlungsraum fällt und die Vampire dabei stets zu Staub und Asche zerfallen. Ist wirklich so, ist kein Spaß!!!

RAUCHER

Frage
Mein Vater raucht wie ein Schlot, und wenn er sich eine Zigarette anzündet, sagt meine Mutter immer, er nimmt schon wieder einen Sargnagel. Man nimmt aber doch nicht wirklich Zigaretten zum Zunageln von Särgen, oder?

Antwort
Nö.
Rauchen ist ungesund, Rauchen kann das Leben verkürzen, vom Rauchen kann man totgehen …
Denken Sie doch mal selbst weiter!

VOLLJÄHRIG – UND NUN?

Frage

Mein Vater sagt immer, dass ich tun muss, was er sagt, solange ich meine Füße unter seinen Tisch strecke. Muss er dann aber nicht auch meine Bestattung bezahlen? Ich bin übrigens volljährig.

Antwort

Die Bestattungsgesetze sind unterschiedlich, aber Eltern sind durchaus, sofern keine andere Person dafür in Frage kommt, bestattungspflichtig und haben für die Kosten der Bestattung ihrer Kinder einzustehen.

»ÖKONOMISCH« BESTATTET

Frage

Wenn ein Paar ökonomisch getraut war, also er katholisch und sie evangelisch, und nun werden sie geschieden, können diese Leute dann trotzdem zusammen auf einem Friedhof begraben werden?

Antwort

Es kann in der Tat zu Problemen kommen, wenn eine Person anderen Glaubens auf einem kirchlichen Friedhof bestattet werden soll. Oft sind diese Friedhöfe den Angehörigen einer Kirche vorbehalten, manchmal sogar einer bestimmten Kirchengemeinde. Normalerweise ist es aber so, dass auch auf solchen Friedhöfen Familienmitglieder unterschiedlichen Glaubens ohne weiteres gemeinsam bestattet werden können.

Genaueres sagt auch hier wieder die Friedhofsordnung aus, in der geregelt ist, wer unter welchen Bedingungen bestattet werden kann. In manchen Fällen gibt es »Externenzuschläge«, also eine Sondergebühr, die entrichtet werden muss, wenn jemand, der nicht die erforderliche Berechtigung hat, bestattet werden soll.

KANN ICH DIE KNOCHEN MEINES OPAS HABEN?

Frage

Meine Eltern haben das Grab meines Opas freigegeben, weil sie die Kosten nicht tragen wollten.

Leider habe ich zu spät davon erfahren (die Familie ist zerstritten). Beim Pfarramt bekomme ich keine Informationen, und der örtliche Bestatter hat nach meiner Frage aufgelegt.

Die Frage: Ich denke, nach fünfundzwanzig Jahren ist nicht mehr viel vom Körper übrig. Der Rest (Schädel?) kommt ins Gebeinhaus, richtig? Falls die Gemeinde so was hat. Was passiert sonst damit? Habe ich eine Möglichkeit, die Gebeine meines Großvaters sozusagen »einzufordern«? Ich würde ihn gern wieder richtig bestatten lassen.

Ich fände es wirklich nett, wenn ich eine Antwort bekäme. Der Gedanke, dass mein Opa wie Abfall entsorgt wurde, geht mir nahe. Danke!

Antwort

Wenn Gräber aufgegeben werden, verbleiben die sterblichen Überreste der früher dort bestatteten Personen zumeist an Ort und Stelle.

Natürlich gibt es mancherorts auch Gebeinhäuser, in denen die übrig gebliebenen Knochen weiter aufbewahrt werden. In aller Regel sind solche Knochenhäuser aber aus der Mode gekommen, und man gibt keine neuen Knochen mehr hinein.

Wie Abfall werden aber auch die Verstorbenen nicht entsorgt, die nicht in ein Gebeinhaus kommen; sie verbleiben einfach an Ort und Stelle. Manchmal gibt es auch Sammelstätten in abgelegenen Friedhofsteilen, und die mit Knochen durchsetzte Erde von mehreren Gräbern wird gelegentlich in einer Art Grab gesammelt beigesetzt. Das wird ganz verschieden gehandhabt. Aber weggeworfen werden die sterblichen Überreste nicht.

Läuft ein Grab ab, kann man an manchen Orten innerhalb einer gewissen Frist die Umbettung in ein Wahl- bzw. Familiengrab beantragen. Das ist natürlich mit nicht unerheblichen Kosten verbunden. Hier kann nur die zuständige Friedhofsverwaltung Auskunft erteilen.

Man kann die Knochen seiner verstorbenen Ahnen nicht »einfordern«, um sie z. B. zu Hause aufzubewahren oder selbst irgendwo zu bestatten. Mit Ablauf der Ruhezeit gilt die Sache als erledigt, der Mensch als vergangen und die Grabstelle als frei.

Irgendwann muss ja auch mal Schluss sein.

SCHNARCHER

Frage

Mein Mann schnarcht, und deshalb haben wir seit Jahren getrennte Schlafzimmer. Wie mache ich es, dass ich im Grab nicht neben meinem Mann liegen muss?

Antwort

Lassen Sie sich in weit voneinander entfernten Gräbern beerdigen.

RÜCKENBESCHWERDEN

Frage

Ich hab Rücken und bekomme Krankengymnastik, Salbe und
Wärmepflaster. Wie ist das jetzt zum Beispiel bei einer Beerdigung?

Antwort

Im Winter schon.

GROSSES SARGLAGER

Frage

Es wird ja allgemein empfohlen, dass man eine Bestattungsvorsorge abschließen soll. Gut und schön. Aber wenn sich
jetzt ganz viele Leute beim Bestatter zu Lebzeiten schon einen Sarg aussuchen, wo lagert der Bestatter die ganzen Särge?
Der muss ja ein unendlich großes Sarglager haben.

Antwort

Bei einer Bestattungsvorsorge legt man zu Lebzeiten fest, wie
und wo man bestattet werden möchte. Dazu gehört, dass man
sich auch Gedanken über die Ausstattung macht und sich einen Sarg und eventuell eine Urne aussucht.

Auch die Frage, wie die Bestattung einmal bezahlt werden
soll, wird mit dem Bestatter besprochen.

In der anschließenden Leistungsübersicht ist zwar ein bestimmtes Sargmodell verzeichnet, das heißt aber nicht, dass man zwanzig oder dreißig Jahre später auch exakt diesen Sarg bekommt, den man sich im Laden des Bestatters ausgesucht hat.

Es ist ja völlig unmöglich vorauszusagen, ob es dieses Sargmodell zu diesem Zeitpunkt überhaupt noch geben wird. Sofern es sich also nicht um ein ganz spezielles Einzelstück handelt, wird der Bestatter zum Zeitpunkt der Bestattung dann einen Sarg wählen, der dem ursprünglich geäußerten Wunsch am nächsten kommt.

Anders geht es nicht, denn die Bestatter legen sich nicht die Särge für alle Vorsorgekunden auf Lager.

KONFESSIONSFRAGE

Frage
Man hört ja jetzt so viel. Daher meine Frage: Werden auch Menschen auf christlichen Friedhöfen (also jetzt mal evangelisch oder katholisch) bestattet, die besondere sexuelle Praktiken verübt haben?

Antwort
Das kommt im Wesentlichen darauf an, ob diese Praktiken katholisch oder evangelisch waren.

WAS MUSS MAN MACHEN, WENN MAN TOT IST?

Frage

Es wird Zeit, mich mal zu erkundigen. Was muss ich alles machen, wenn ich mal tot bin? Da gibt es bestimmt viel zu bedenken und zu erledigen, bei Behörden und so.

Antwort

Ich würde sagen, dass Sie sich darum keine Gedanken machen müssen, Sie sind ja dann tot.

MEINE WITWENRENTE! WAS MUSS ICH MACHEN?

Manchmal habe ich durchaus das Gefühl, dass die Fragesteller meinen Humor auf die Probe stellen möchten.

Frage

Ich beziehe eine Witwenrente, weil mein Mann schon tot ist. Außerdem bekomme ich eine kleine eigene Rente. Nun liege ich seit Monaten nachts wach und mache kein einziges meiner beiden Augen zu, weil ich mich mit einer Frage quäle: Wenn ich denn dann mal tot, also gestorben bin. Wo muss ich dann überall hin? Auf das Bürgermeisteramt oder wo?

Antwort

Bitte gehen Sie drei Tagen nach dem Eintritt des Todes mit Ihren Rentenunterlagen auf das Bürgermeisteramt. Dort hält man ein buntes Überraschungspaket für solche Fälle bereit und freut sich stets über Abwechslung.

DER UNDERTAKER

In Amerika erfreuen sich die Schaukämpfe des »Wrestlings« besonderer Beliebtheit. Dabei tun große, starke und muskulöse Männer so, als ob sie sich verhauen würden. Manche von ihnen treten in martialischer Kriegsbemalung oder Kostümierung auf oder geben sich besonders verwegen klingende Kämpfernamen. Einer dieser Wrestler nennt sich »The Undertaker«, also »Der Bestatter«. Als Betreiber des Bestatterweblogs erhalte ich immer wieder auch Fragen von Menschen, die über das Bestattergewerbe gar nichts wissen möchten, sondern die etwas über den beliebten Kämpfer »The Undertaker« erfahren möchten.

Ich kann meine Meinung über diese Fragesteller nicht ganz verbergen, denn offensichtlich stellen sie ja ihre Frage an der völlig falschen Stelle und haben das Weblog, an das sie ihre Frage schicken, überhaupt nicht gelesen oder zur Kenntnis genommen.

Frage
Bestatter heißen ja auf Englisch Undertaker. Undertaker machen ja auch Wrestling-Shows. Ich habe nun schon alle Wrestling-Seiten durchsucht, finde aber auf eine Frage keine Antwort: Welche Musik nimmt der Wrestler »Undertaker«, wenn er auftritt? Mir hat ein Kollege geschrieben, das sei der Totenmarsch von Vietnam, ein anderer hat gesagt, es seien die Totenglocken von Chopin. Was spielt Ihr denn so auf Beerdigungen?

Antwort
Wächst mir Gras aus den Taschen? Habe ich Löcher in den Händen? Was soll ich denn noch alles wissen?

Aber gut: Ich verstehe nicht viel von Wrestling, konnte aber dennoch recherchieren, dass bei den Auftritten des Wrestlers, der sich Undertaker nennt, bei einigen Shows zu Anfang Gregorianische Gesänge, dann die Totenglocken von Venedig und anschließend die »Graveyard Symphony«, eine Variation des Trauermarsches von Frédéric Chopins Klaviersonate Nr. 2, »Marche funèbre«, gespielt werden.

KANN ICH MIR MEINEN SARG SELBST BAUEN?

Frage
Neulich habe ich unsere Laube innen ganz mit Holz verkleidet. Jetzt habe ich noch fürchterlich viele Reste übrig. Daher die Frage: Kann ich meinen Sarg auch aus diesen Baumarktbrettern selbst zusammenbauen?

Antwort
Ja, selbstverständlich. Zu berücksichtigen ist, dass der Sarg den Vorschriften der jeweiligen Friedhofsordnung und des zuständigen Landesbestattungsgesetzes entspricht. Manche Friedhofsordnungen sprechen nur von einem verrottbaren Holzsarg, während andere explizit von einem Vollholzsarg sprechen. Das führt dazu, dass in manchen Städten nur Särge aus Massivholz genehmigt sind und in anderen auch solche aus Sperrholz oder Spanplatten erlaubt sind.

Sofern man sich an die gängigen Maße (ca. 200 x 80 x 60 cm) hält, sollte es keine Probleme geben. Auf die Verwendung umweltschädlicher Klebstoffe und Lacke sollte man verzichten.

Innen sollte der Sarg so gestaltet sein, dass der Austritt von Flüssigkeiten ausgeschlossen ist, und er sollte auf dem Boden eine Schüttung von wenigstens fünf Zentimetern saugfähigen Materials haben.

Überdies sollte der Sarg blick- und möglichst geruchsdicht gefertigt sein. Es sollte auch besser auf Elemente verzichtet werden, die das persönliche Empfinden der Trauergäste und des Personals stören könnten.

Weicht man stark von den Maßen oder der üblichen Form ab, ist vorher abzuklären, ob der selbstgebaute Sarg überhaupt bestattet werden kann und ob er in die Grube passt. Auf vielen Friedhöfen ist aus technischen Gründen kaum eine andere Grabform als die herkömmliche möglich.

Sollte man tatsächlich diesen Wunsch haben, empfiehlt es sich, frühzeitig die Bedingungen zu erfragen und die Beteiligten zu informieren.

INTERNET UND HANDY IM GRAB

Frage
Jetzt mal ehrlich: Gibt es Ihrer Meinung nach eine Möglichkeit, in Deutschland legal ein Grab zu finden, in dem es einen Internetanschluss gibt und in das ich später mal mein Handy mitnehmen kann?

Antwort
Jetzt mal ehrlich: Was wollen Sie dann damit?

BESTATTUNG AUS DEM INTERNET

Frage
Im Internet gibt es ja bekanntlich alles billiger. Spricht aus Ihrer Sicht etwas dagegen, sich im Internet eine Bestattung zu bestellen? Die gibt es ja teilweise schon ab 499 Euro, komplett mit allem Drum und Dran.

Antwort
Es gibt kaum etwas auf dieser Welt, das nicht irgendjemand ein wenig schlechter machen und etwas billiger verkaufen könnte, und die Menschen, die sich nur am Preis orientieren, werden die gerechte Beute solcher Machenschaften. Es ist unklug, zu viel zu bezahlen, aber es ist noch schlechter, zu wenig zu bezahlen. Wenn Sie zu viel bezahlen, verlieren Sie etwas Geld. Das ist alles. Wenn Sie dagegen zu wenig bezahlen, verlieren Sie manchmal alles, da der gekaufte Gegenstand die ihm zugedachte Aufgabe nicht erfüllen kann. Das Gesetz der Wirtschaft verbietet es, für wenig Geld viel Wert zu erhalten. Nehmen Sie das niedrigste Angebot an, müssen Sie für das Risiko, das Sie eingehen, etwas hinzurechnen. Und wenn Sie das tun, dann haben Sie auch genug Geld, um für etwas Besseres zu bezahlen.

(Dieses Zitat wird John Ruskin zugeschrieben.)

Es wird ja sehr viel über »billige« Internetbestattungen berichtet. Die einen Berichte stellen heraus, dass es eine prima Alternative zu den teuren Traditionsbestattern ist; die anderen Berichte warnen geradezu vor den oft mangelhaften Leistungen der Billigbestatter.

Grundsätzlich bin auch ich der Meinung, dass man hier keine zu großen Erwartungen haben darf. Bestattungen sind eine Mischung aus Warenlieferungs- und Dienstleistungs-geschäft. Auf der einen Seite sind das Sarg, Wäsche, Urne und oft auch Trauerdruck, Blumen und Dekoration und auf der anderen Seite die Erledigung der Formalitäten, die Beratung und Betreuung sowie die Organisation der Trauerfeier und Beerdigung.

Man kann bis zu einem gewissen Grad durch geschickten Einkauf recht günstige Ware anbieten und im Zweifelsfall auch auf gewisse Dienstleistungen verzichten; dadurch erreicht man einen etwas günstigeren Preis. Das kann jeder Bestatter.

Wenn jedoch die Preise unterhalb einer gewissen Grenze angesiedelt sind, dann muss jedem klar sein, dass er dafür nur die Leistungen eines Schnellrestaurants und keine gute Küche mit gutem Service erwarten darf.

Tatsächlich ist es sogar möglich, durch weitere Einsparungsmaßnahmen den Preis noch weiter zu drücken, dann muss aber dem Kunden auch klipp und klar gesagt werden, dass eine solche Bestattung der Leistung herkömmlicher Bestatter nicht entspricht. Unterm Strich ist dann zwar alles geliefert und alles gemacht, aber eben nicht einmal nach »Schema F«, sondern unter Umständen aus der untersten Schublade.

Ärgerlich ist es, wenn mit einem extrem günstigen Preis geworben wird und dem Kunden trotzdem der Eindruck vermittelt wird, er könne für einen Pappenstiel eine supertolle und umfassende Leistung bekommen. Hinterher entpuppt sich das leider nur allzu oft als Mogelpackung, und dann kommen die wahren Zusatzkosten zum Vorschein.

Viele dieser Billigangebote enthalten keine Friedhofskosten, hoheitlichen Gebühren und natürlich auch keine Grabstätte. Es wird in den Angeboten aber verschwiegen, dass ge-

rade diese Kosten den Hauptteil der Bestattungskosten ausmachen.

Die Billigbestatter argumentieren, sie könnten diese Kosten nicht mit einkalkulieren, da sie von Fall zu Fall zu indivi-
duell seien. Das ist natürlich auch grundsätzlich richtig, aber
es ist nun mal so, dass diese Kosten letztlich von den Angehörigen bezahlt werden müssen. Und so werden aus den
499 Euro, mit denen geworben wurde, am Ende doch schnell
mal 3000 Euro oder mehr.

Doch abgesehen von diesen Kosten, die zumeist in der
Werbung nur nebenbei in einer Fußnote (»zzgl. Friedhof,
Grab und Verwaltung«) erwähnt werden, spekulieren manche Billigbestatter natürlich auch darauf, dass die Angehörigen bei der Auswahl der Artikel und beim Buchen von Zu-
satzleistungen vom günstigen Gesamtpaket abweichen; und
dann schnappt oft die Kostenfalle zu, denn die Extras und
Abweichungen kosten zusätzlich und oft sogar mehr als beim
Traditionsbestatter.

Noch ein Aspekt ist wichtig: Manche Billigbestatter bieten
Komplettpakete an, in denen tatsächlich auch die Grabstätte
enthalten ist. Hier muss man aber deutlich nachfragen, wo
diese Grabstätte liegt und was das für ein Grab ist. Am Ende
könnte sich nämlich herausstellen, dass die Asche an einer
tschechischen Friedhofsmauer verstreut wird.

Ich persönlich würde meine Angehörigen jedenfalls niemals einem solchen »billigen Jakob« anvertrauen. Es ist im
Zweifelsfall besser, mehrere lokale Bestatter aufzusuchen und
dort klipp und klar seine finanziellen Verhältnisse zu schildern. Man wird erstaunt sein, wie flexibel die Bestatter sein
können und welche günstigen Angebote sie machen können.

MUSS ICH DIE BEERDIGUNG FÜR DIE BÖSE OMA BEZAHLEN, UND DARF SIE IN UNSER GRAB?

Frage

Ich habe, glaube ich, eine etwas »verworrene« Frage: Meine Großmutter väterlicherseits nähert sich nun einem Alter, in dem man sich um so etwas Gedanken machen muss, Sie hatte drei Kinder: zwei Söhne (einer davon mein Dad) und eine Tochter. Nun starb mein Vater kurz vor meiner Geburt durch einen Motorradunfall. Und seitdem ich denken kann, erzählt mir meine Mutter, dass ich nun an seiner statt in der Erbfolge stehe, also im Erbfall wie er meinen Pflichtanteil kriege, da ich an die Stelle meines Vaters gerutscht bin.

Da ich zu meiner Großmutter seit Jahren keinerlei Kontakt pflege, werde ich im Erbfalle sowieso das Erbe ausschlagen, auch wenn ich weiß, dass Geld da ist. Aber – und das ist mir wichtig – von dieser Frau möchte ich nichts (längere Geschichte, warum ich so von ihr denke). Zumal wir beide, meine Mutter und ich, denken, dass ich eh schon aus dem Testament gestrichen wurde bzw. das vorhandene Vermögen schon unter meiner Tante und meinem Onkel verteilt wurde, damit ich nichts bekomme.

Jetzt meine eigentliche Frage: Bin ich denn trotzdem wie ein eigenes Kind in der Bestattungspflicht im Falle ihres Ablebens, zusammen mit meiner Tante und meinem Onkel? Oder muss ich mich im Voraus schon vom Erbe »befreien« lassen und falle somit aus der Bestattungspflicht?

Und eine andere Frage: Sie wünscht sich wohl, im Grab meines Vaters beerdigt zu werden. Dieser ist schon seit neunundzwanzig Jahren tot, und meine Mutter behält das Grab für sich, als Stätte, wo sie hingehen kann. Zwar nur maximal fünfmal am

Tag, aber sie bringt es nicht übers Herz, das Grab »wegmachen« zu lassen. Sie zahlt auch die Grabgebühr und kümmert sich um alles drumherum. Meine Mutter hat ebenfalls keinen Kontakt zu meiner Großmutter mütterlicherseits, da sie (die Oma) sich seit dem Tod meines Vaters immer sehr abwertend ihr (meiner Mutter) und mir gegenüber verhalten hat.

Falls es eine Bestattungsvorsorge geben sollte und darin vorgesehen ist, dass meine Großmutter in das Grab meines Vaters kommen möchte – kann meine Mutter diesen Fall verhindern? Sie möchte das Grab auch noch weiterhin behalten und findet es grausam, ihren Mann zu besuchen und dort dann gleichzeitig den Namen der »verhassten« Schwiegermutter auf der Platte zu lesen.

Antwort

Die Beantwortung der Frage ist schon deshalb knifflig, weil mir die Angabe des Bundeslandes fehlt, in dem Sie wohnen. Bestattungsrecht ist Ländersache und von Bundesland zu Bundesland verschieden.

Grundsätzlich kann man aber sagen, dass das Ausschlagen des Erbes nicht von der Bestattungspflicht und der Kostentragungspflicht entbindet. Sonst würden ja alle Leute, die sich eine Bestattung nicht leisten wollen oder können, das eventuell geringe Erbe ausschlagen und sich somit aus der Kostentragungspflicht stehlen.

Verantwortlich für die Bestattung sind in gesetzlich festgelegter Reihenfolge:

- Ehepartnerin/Ehepartner oder Lebenspartnerin/Lebenspartner einer eingetragenen Lebenspartnerschaft
- die volljährigen Kinder
- die Eltern

- die volljährigen Geschwister
- Partnerin/Partner einer auf Dauer angelegten nichtehelichen Lebensgemeinschaft
- sonstige Sorgeberechtigte
- die Großeltern
- die volljährigen Enkelkinder
- sonstige Verwandte bis zum dritten Grad

Wenn ich das richtig verstanden habe, hat die »Verstorbene« ja zwei Kinder. Nach meiner persönlichen Auffassung hat das eventuelle erbrechtliche Aufrücken in der Erbfolge keine Auswirkungen auf die Kostentragungspflicht im Zusammenhang mit der Bestattung. Demnach müssten Ihr Onkel und Ihre Tante für die Bestattung aufkommen.

Durch das Ausschlagen des Erbes kann man sich zwar, sofern man bestattungspflichtig oder kostentragungspflichtig ist, nicht aus seiner Verantwortung stehlen, aber sehr wohl kann man, wenn man von jemandem ein Erbe annimmt, zur Bezahlung der Bestattungskosten herangezogen werden.

Die Kostentragungspflicht des Erben ergibt sich aus § 1968 BGB: »Der Erbe trägt die Kosten der Beerdigung des Erblassers.« Besteht eine Erbengemeinschaft oder gibt es mehrere Erben, so ist diese Gemeinschaft entsprechend den Anteilen am Erbe verpflichtet zur Übernahme der Kosten.

Zur zweiten Frage: Hier ist entscheidend, wer der Grabnutzungsberechtigte ist. Beim »Kauf« des Grabes vor neunundzwanzig Jahren ist eine Person der »Käufer« und somit der heutige Nutzungsberechtigte geworden. Das ist unabhängig davon, wer die tatsächliche Pflege und Nutzung des Grabes ausübt.

Wenn die »verhasste« Großmutter die Nutzungsberechtigte ist, kann sie nun auch verfügen, in diesem »ihrem« Grab beigesetzt zu werden. Hat jedoch die Frau des Verstorbenen

(Ihre Mutter) das Grab damals gekauft und damit das Nutzungsrecht, so kann sie bestimmen, wer noch ins Grab kommt und wer nicht.

Nehmen wir den ungünstigsten Fall an: Die Großmutter sei nutzungsberechtigt und die innerfamiliären Zwistigkeiten seien so groß, dass eine solche gemeinsame Bestattung von den Hinterbliebenen des vor neunundzwanzig Jahren Beigesetzten als unzumutbar angesehen wird. Dann müsste man eventuell eine Klage dagegen anstreben, dass die Großmutter nun – trotz ihres Nutzungsrechtes – in dieses Grab kommt.

Ich muss an dieser Stelle darauf hinweisen, dass ich kein Rechtsanwalt bin und keinerlei Rechtsberatung gebe, sondern immer nur aus dem Erfahrungsschatz dessen berichten kann, was mir persönlich untergekommen ist. Aber vor diesem Hintergrund nehme ich an, dass man sich mit einer solchen Klage auf sehr dünnem Eis bewegt. Nach nunmehr neunundzwanzig Jahren ist die Ruhezeit für den Verstorbenen nämlich längst abgelaufen; aus dem Blickwinkel der Verwaltung gilt er damit als vergangen und ist »weg«. Ob nun die persönlichen Belange der Hinterbliebenen nach einer so langen Zeit vor Gericht noch genügend Gewicht haben, um gegen den letzten Willen einer alten Frau, die eventuell auch noch Nutzungsberechtigte ist, anzukommen, bezweifle ich.

TODESZEITPUNKT UNKLAR, WAS SCHREIBT MAN IN DIE ANZEIGE?

Frage
Mein Vater wurde letzte Woche tot in seiner Wohnung gefunden. Der Arzt füllte den Totenschein nicht richtig aus und schrieb bei »Todeszeitpunkt« nichts rein. Wir würden gerne

eine Traueranzeige aufgeben, nachdem unser Vater beigesetzt wurde. Doch was soll man als Totesdatum hineinschreiben? Den Tag, als er gefunden wurde – oder sollen wir, weil die Kripo gemeint hat, dass er schon bis zu vier Tage tot war, vom Fundtag vier Tage zurückrechnen?

Antwort

Wenn der Arzt den Todeszeitpunkt nicht kennt, kann er ihn auch nicht in die Papiere schreiben. Das ist nicht gut und führt zu allerlei mehr oder weniger großen Problemen. Das ist oft bei »Fundleichen« so, also bei Verstorbenen, bei denen niemand dabei war, als sie gestorben sind, und bei denen es auch sonst keine Anhaltspunkte gibt, um ohne größeren Aufwand den genauen Todeszeitpunkt festzustellen. Leider ist das auch oft in Altersheimen so, zumindest wird mir das von Kollegen, die viele Heimabholungen haben, immer wieder berichtet. Da stirbt jemand, und keiner bekommt es mit. Am anderen Morgen stellt man dann fest, dass so und so lange niemand nach dieser Person geschaut hat und nun unklar ist, ob der Mensch vorgestern, gestern oder heute verstorben ist. Manchmal schreibt der Arzt dann das Wahrscheinlichste auf.

Aber es gibt immer wieder Fälle, da kann selbst der beste Rechtsmediziner nur grob ein Zeitfenster angeben. Dieses wird umso größer, je länger der Eintritt des Todes zurückliegt.

So kommt es, dass es Sterbeurkunden gibt, bei denen als Todeszeitpunkt zum Beispiel eingetragen ist:

»Zwischen Montag, 27.9.2xxx, und Mittwoch, 29.9.2xxx, 11 Uhr.«

Nun stehen natürlich, wie in Ihrem Fall, die Angehörigen vor dem Problem, dass sie nicht wissen, was sie in die Todesanzeige oder auf den Grabstein schreiben sollen und welcher Tag künftig als Todestag gelten soll.

Im Grunde genommen ist es doch aber gar nicht wirklich von Bedeutung, ob das nun Mittwoch, Dienstag, Montag, Sonntag oder Samstag war. Die bedeutsamere Tatsache ist ja, *dass* der Mensch gestorben ist. Der Zeitpunkt muss dann in der Familie festgelegt werden, indem man sich auf einen sehr wahrscheinlichen und einheitlichen Termin einigt.

Wenn Sie den Sonntag für sich festlegen, dann ist es eben der Sonntag, Punkt.

MUSS ES SO VIELE ARMENBEGRÄBNISSE GEBEN?

Zwischendurch mal eine Frage mit einer etwas längeren, ernsteren Antwort. Denn tatsächlich steckt hinter dieser Frage ein tieferes Problem.

Frage
Ich finde es erschreckend, dass so viele Leute heutzutage ein Armenbegräbnis bekommen. Aber manchmal ist doch auch Geld da, und trotzdem kommt mancher armselig unter die Erde. Wie kommt das?

Antwort
Letztendlich kommt es einzig und allein darauf an, was die Angehörigen im Herzen bewegt. Alles andere ist nur das Drumherum, das veranstaltet wird, um der leblosen Hülle oder dem letzten Häufchen Asche einen anständigen Abschied mit brauchbarer Endlagerung zu bescheren.

Ob die Asche nun in alle Winde verstreut wird, ob sie in einen Fluss geschüttet wird oder ob sie im Wald unter einem Baum vergraben wird, das alles spielt letztlich keine Rolle.

Es ist auch egal, ob viele oder wenige Leute dabei sind, ob es Blumen gibt, ob Musik gespielt wird und ob der Sarg nun aus billigem Nadelholz oder hochglanzpoliertem Mahagoni besteht.

All das spielt überhaupt keine Rolle, wenn die Art und Weise, wie eine Bestattung durchgeführt wird, in etwa das widerspiegelt, was sich der Verstorbene gewünscht hat bzw. hätte, und dem Genüge tut, was die Angehörigen benötigen, um die Zeremonie als würdevoll und angemessen zu empfinden.

Das bedeutet: Wenn sich Familien bewusst für etwas ganz Einfaches entscheiden, hat man das – auch als Bestatter – zu akzeptieren. Es gibt so viele Spielarten von Trauerbewältigung, da steht es Außenstehenden nicht zu, zu bewerten, was richtig oder falsch ist. Was bei den Leuten ein gutes Gefühl im Herzen hinterlässt, das ist genau das Richtige.

Was dem einen als unwürdige Schnellentsorgung vorkommt, ist für den anderen absolut perfekt. Was der eine als »schöne Leich'« empfindet, also eine große, pompöse und oft auch teure Bestattung, das empfindet der andere als absolut übertriebene Verschwendung. Nochmals meine Oma: »Der eine trinkt gerne Kaffee, der andere lieber Tee.«

Nun gibt es aber Fälle, bei denen ganz andere Hintergründe vorhanden sind. Sei es, dass man auf diese Weise dem Verstorbenen noch mal eins auswischen will, sei es, dass die eigenen finanziellen Mittel nicht ausreichen, oder sei es, dass sich die Familie über die Art der Bestattung uneins ist. Außerdem gibt es noch die Fälle, in denen Billigbestatter den Leuten schlicht und ergreifend Schrott als Leistung verkaufen.

Ich will das anhand von ganz aktuellen Fällen schildern, die mir berichtet worden sind.

Erster Fall

Der Verstorbene war ein Despot, ein Familientyrann, und hat Frau und Kinder psychisch und physisch zeitlebens unter Druck gesetzt. Für seine Beerdigung hatte er immer mal wieder hochtrabende Wünsche geäußert. Vom großen Chor bis hin zum einstündigen Requiem in der Domkirche und schwarzen Pferden vor einer historischen Leichenkutsche war alles dabei.

Überdies hatte er angeordnet, seine Frau und seine Kinder müssten – was überhaupt nicht mehr zeitgemäß ist, zumindest in den meisten Teilen Deutschlands – ein ganzes Jahr in Schwarz gehen und in diesem Jahr dürfe es in der Familie keine Geburtstags- oder Weihnachtsfeiern geben. Außerdem dürfe seine Frau nicht wieder heiraten (was sie eh nicht vor hat, sie hat die Nase voll), und es dürfe im Trauerjahr weder ferngesehen noch getauft, gezeugt oder in Urlaub gefahren werden.

Was hat er bekommen?

Die Tochter fragte im Namen der Witwe und der anderen Geschwister an, was ich dazu meine, wenn sie dem Vater einen anständigen, schnörkellosen Schlichtsarg kaufen, ihn auf dem Friedhof in einem Reihengrab mit kompletter Steinabdeckung beisetzen lassen und außer einer einfachen Trauerfeier gar nichts machen.

Jetzt muss man als Bestatter natürlich gut aufpassen. Es kommt nämlich, wie mir die hier mitlesenden Bestatter bestätigen können, gar nicht so selten vor, dass sich der Verstorbene urplötzlich in einen »ganz einfachen und schlichten Menschen« verwandelt, »der so was alles gar nicht haben wollte«, wenn die Angehörigen merken, dass da ein kleines Stück vom Erbe flötengeht, falls sie dem Verstorbenen seine letzten Wünsche erfüllen. Ich habe es selbst erlebt, dass ältere Menschen bei mir waren und sich nur mal erkundigen wollten. Sie haben dann im Gespräch genau gesagt, wie sie sich ihre Bestattung dereinst vorstellen. So einen dicken Sarg, wie ihn der Opa hatte, ganz viele Blumen und eine schöne große Anzeige, damit auch alle Freunde kommen können; und natürlich einen ausgiebigen Leichenschmaus. Das Geld habe man schon seit Jahren genau für diesen Zweck zurückgelegt, und ansonsten sei ja für die Erben noch genug da.

Wenige Wochen später steht dann eine Tochter mit strichschmal zusammengepressten Lippen vor mir und erklärt, dieser Mensch habe ja unbedingt gewünscht, im einfachsten Verbrennersarg sofort ohne Feier eingeäschert und dann anonym beigesetzt zu werden. »Eine Überurne? Nein, die brauchen wir nicht, das wären ja achtundsechzig Euro zusätzlich, meine Mutter war eine ganz bescheidene Frau.«

Mutti hätte achttausend Euro hingelegt, weil sie sich ein schönes Grab mit Stein gewünscht hätte. Die Tochter zahlt dann fünfzehnhundert, und Mutti kommt irgendwann im September im Morgengrauen mit hundertdreißig anderen Urnen irgendwo auf der Friedhofswiese unter die Erde.

So darf das natürlich nicht laufen. Aber ich gebe zu, der Fall des Familientyrannen liegt etwas anders.

Zweiter Fall

Es wird fälschlicherweise in den Medien gerne so dargestellt, als ob das jetzt, angesichts der Zahl der Hartz-IV-Empfänger und Arbeitslosen, fast schon die häufigste Variante sei: Das Sozialamt bezahlt eine angemessene, würdige und ortsübliche Bestattung.

Zwar ist die Zahl der Sozialbestattungen gestiegen, die häufigste Variante ist aber immer noch die klassisch bestellte und selbst bezahlte Bestattung. Viel zu groß sind die Hemmnisse, um vom Amt Geld zu bekommen, denn fast immer gibt es irgendeinen unter den Bestattungspflichtigen, der die Kosten übernehmen kann.

Aber es ist natürlich nicht von der Hand zu weisen, dass sich viele Familien nicht die Beerdigung leisten können, die sie vielleicht gern gehabt hätten.

Lassen wir einmal die Ausrutscher, bei denen übereifrige Sachbearbeiter der Sozialbehörden zu viel sparen wollten, außen vor. In den allermeisten Fällen zahlt das Amt das absolut Nötige, und das ist manchen Hilfeempfängern zu wenig. Ich bin aber der Meinung: Wenn man schon – aus welchen Gründen auch immer – auf die Unterstützung der Allgemeinheit angewiesen ist, dann darf man über das, was man bekommt, nicht auch noch meckern.

Wie ich aber oben schon schrieb, kommt es nicht in erster Linie darauf an, *was* man macht, sondern *wie* man es macht. Und hier gibt es mannigfaltige Möglichkeiten, mit ganz wenig Aufwand und fast ohne Kosten auch aus einer Sozialamtsbestattung eine sehr würdevolle und feierliche Angelegenheit zu machen. Mit preiswerten Blumen, Kerzen, Tüchern und einer selbstgebrannten CD mit den Lieblingsliedern des Verstorbenen kann man sogar am Grab eine Trauerfeier organisieren – ohne dass Kosten für die Trauerhalle entstehen. Oder man mietet sich preiswert in einem Saal der Kirchengemeinde ein … Man hat so vieles selbst in der Hand, man muss nicht einfach nur das nehmen, was das Amt bezahlt, und dann sagen, das sei nicht genug.

Dritter Fall
Die Familie ist uneinig über die Art der Bestattung, und am Ende bekommt der Verstorbene mehr aus Verzweiflung 08/15 verpasst.

Eine Tochter will eine Feuerbestattung mit wenig Kosten, der Bruder möchte Erdbestattung, große Trauerfeier und Pomp. Die Mutter hätte lieber eine Seebestattung, und der Verstorbene wollte eigentlich in einen Bestattungswald.

Am Ende gibt es das, was am Ort die meisten nehmen: Erdbestattung, Reihengrab und genau der gleiche Grabstein wie nebenan ...

Vierter und letzter Fall

»Komplettbestattung 799,– Euro« stand auf dem Schild des Billigbestatters, und erst im Kleingedruckten offenbart sich, dass da noch hoheitliche Gebühren (Kremation, Ärzte, Urkunden, Grab) in Höhe von fast 2000 Euro hinzukommen.

Da ist der Tote aber schon abgeholt worden, und die Angehörigen haben nun die Wahl zwischen Teufel und Beelzebub. Entweder sie geben beim Billigbestatter unterm Strich mehr aus als bei einem ganz herkömmlichen Bestatter, oder aber sie beißen in den sauren Apfel und sind mit der Verstreuung der Asche an einer tschechischen Krematoriumsmauer oder dem Verscharren in einem Schweizer Wald einverstanden ...

Fazit

Es gibt viele Gründe, warum eine Bestattung sehr einfach gehalten wird oder werden muss. Aber es kommt, aus Sicht des Bestatters, nicht allein darauf an, wie viel Geld zur Verfügung steht, um eine würdevolle und schöne Trauerfeier zu gestalten. Ein guter Bestatter kann auch für Familien mit eingeschränktem Budget eine anständige Trauerfeier organisieren.

Wie dem auch immer sei: Letztlich zählt, was man im Herzen bewegt! Denn nur da »wohnen« die Ahnen – und nicht im Boden des Friedhofs.

KNIGGE FÜR TOTENGRÄBER?

Frage

Gibt es eigentlich einen »Knigge für das Bestattergewerbe«? Letzte Woche war ich auf einer Beerdigung. Nach dem Absenken des Sarges durch die vier Sargträger nahmen drei der Träger ihre Mützen ab, einer jedoch rannte gleich einfach so davon, und bei einem der drei kam eine Sturmfrisur zum Vorschein (Pumuckl lässt grüßen). Okay, es kann mal vorkommen, dass der Stammfriseur ausgerechnet jetzt ein paar Wochen Urlaub macht. Aber den absoluten Knaller hat dann doch noch ein anderer Sargträger abgeliefert: Kaum war er zehn Schritte vom Grab entfernt, fing er an, sich die Krawatte vom Hals zu reißen. Macht man so etwas?

Antwort

Nein, so macht man das nicht. Aber es ist nun mal so, dass auf den Friedhöfen manchmal – zum Glück nicht immer – diejenigen Dienst tun, die zum Festhalten hinten am Müllwagen nicht taugen.

ICH WILL MEIN BEIN BEERDIGEN

Einige der Zuschriften beinhalten auch Fragen, die auf den ersten Blick skurril klingen, aber ganz ernst gemeint sind. Gerade der lockere Umgang mit dem Thema im Bestatterweblog animiert ja die Menschen dazu, sich unbefangen mit der Thematik zu beschäftigen. Ich versuche dann immer, so gut es geht, auch eine entsprechend ernsthafte Antwort zu geben.

Frage

Es kann doch sein, dass mir wegen einer Krankheit oder eines Unfalls ein Bein oder Arm abgetrennt wurde oder amputiert werden muss. Nun meine Frage: Kann ich für diesen Arm oder dieses Bein einen Bestatter beauftragen, der dieses Körperteil dann ordnungsgemäß bestattet? So könnte ich doch wenigstens bei einem Stück von mir bei der eigenen Beerdigung dabei sein.

Antwort

Ich kann Sie beruhigen: Sie werden auf jeden Fall, so oder so, bei Ihrer eigenen Beerdigung dabei sein.

Körperteile, die im Krankenhaus entfernt werden müssen, werden von den Kliniken über Spezialentsorger entsorgt. Mir ist noch kein einziger Fall bekannt geworden, in dem ein Bestatter das abgetrennte Körperteil einer lebenden Person bestatten sollte. Und ehrlich gesagt, ich wüsste auch nicht, wofür das gut sein sollte. Was, wenn Sie im Laufe Ihres Lebens mehrfach umziehen? Wollen Sie dann Ihren Fuß in Magdeburg und eine Hand in Stuttgart auf dem Friedhof besuchen gehen?

Ich finde, man sollte die Kirche lieber im Dorf lassen.

SECONDHAND

Frage

Mein Vater ist gestorben. Der war immer auf solchen Flohmärkten unterwegs, haben Sie nicht eventuell auch einen gebrauchten Sarg, der etwas billiger ist, sagen wir so zwanzig Prozent vom Neupreis?

Antwort

Es wird sehr schwer werden, einen Bestatter zu finden, der gebrauchte Särge hat. Diese landen ja schließlich entweder im Feuer eines Krematoriumsofens oder werden in einem Grab vergraben. In ganz seltenen Ausnahmefällen kann es einmal vorkommen, dass es sich Angehörige vor dem Begraben oder Einäschern bezüglich des Sargmodells noch einmal anders überlegen oder dass der Bestatter für einen unklaren Fall einmal einen Sarg belegen muss.

Diese zumeist eher hochwertigen Särge kommen dann aber in aller Regel nicht mehr in den Verkauf, sondern werden – nach entsprechender Reinigung und dem Versehen mit einer neuen Innenausstattung – normalerweise für solche Fälle genommen, in denen ein armer Teufel sonst nur einen sehr schlichten Verbrennungssarg bekommen hätte.

ORGANSPENDE UND EINÄSCHERUNG

Bei manchen Anfragen fragt man sich, ob die Fragesteller vor dem Formulieren und Absenden überhaupt nachgedacht haben. Wahrscheinlich haben sie es nicht, sonst käme so etwas hier nicht zustande.

Frage

Man hört doch so viel darüber, wie wichtig Organspenden sind.

Andererseits lassen sich doch so viele Menschen verbrennen.

Wie bekommt man denn bei den vielen Eingeäscherten die Organe wieder aus der Asche? Sind die dann noch verwendbar?

Antwort
Erst sterben, dann Organentnahme, dann einäschern.

Einfach die Reihenfolge beachten und vor allem sicherstellen, dass zuerst gestorben wird.

SARG AUF DEM KAMINSIMS

In Deutschland gilt in weiten Teilen noch die Friedhofspflicht für Totenaschen. Das heißt, dass man trotz aller alternativen Angebote, die es da mittlerweile gibt, offiziell keine Möglichkeit hat, sich die Urne mit der Asche eines lieben Verstorbenen ins Wohnzimmer zu stellen.

Hierzu erhalte ich immer ganz besonders viele Anfragen. Manchmal kommen die auch von Radio- oder Fernsehsendern oder, wie in diesem Fall, von einer Zeitungsredaktion.

Anfrage von einer Zeitung
Gibt es Ihrer Meinung nach Tendenzen, dass der Friedhofszwang für Urnen und Särge in absehbarer Zeit aufgehoben wird und somit die Möglichkeit besteht, den Verstorbenen zum Beispiel auch zu Hause auf den Kaminsims zu stellen?

Antwort
Es ist ein allgemeiner Trend zur Lockerung der Bestimmungen zu erkennen, und was noch vor wenigen Jahren undenkbar war, wird mittlerweile von immer mehr Friedhofsverwaltungen als Alternative angeboten. Es ist durchaus denkbar, dass in einigen Jahren auch der Friedhofszwang für Urnen entfallen könnte. Jedoch halte ich es persönlich für wenig sinnvoll, auch Särge oder die Verstorbenen selbst auf den Kaminsims zu stellen.

MUSS MICH DER LEICHENWAGEN MITNEHMEN?

Frage

Jetzt mal angenommen, ich falle irgendwo tot um, und es kommt zufällig ein Leichenwagen vorbei. Der Bestatter hat ja, wie Busse und Straßenbahnen oder Taxis, eine Personenbeförderung. Muss der Leichenwagen anhalten und mich mitnehmen? Ich meine, der kann mich doch nur ablehnen, wenn ich betrunken wäre oder randalieren würde, oder? Meine Schwägerin arbeitet bei einem Anwalt und hat gesagt, dass Leichenwagen eine Pflicht haben.

Antwort

Es ist ja bekannt, dass man die beste Rechtsberatung immer von irgendwelchen Leuten bekommt, die »beim Anwalt arbeiten«. Seine Steuer lässt man sich am besten auch von jemandem machen, der bei einem Steuerberater putzt.

Jedenfalls gibt es eine solche allgemeine Beförderungspflicht für Bestattungswagen nicht.

Sofern jemand »irgendwo tot umfällt«, wird sicher die Polizei verständigt, und die wird alles Weitere regeln. Je nach Region kommt dann entweder ein kommunaler Bestattungswagen oder ein Wagen der Polizei. In vielen Gegenden hat die öffentliche Hand mit Bestattern Verträge über die Abholung solcher Leichen abgeschlossen.

Im Übrigen ist mir in all den Jahren noch keine Leiche untergekommen, die aufgrund von Trunkenheit während des Transportes randaliert hätte.

BEHINDERTENGERECHTES GRAB

Neulich hatte ich einen Auftritt mit dem Kunstprojekt »Finale«. Eine Schauspielerin und Sängerin mit wunderschöner Stimme und ebensolchem Aussehen und ein großartiger Interpret, begleitet von einer Rockband, singen, spielen und sprechen Texte aus meinen Büchern. Ein tolles Erlebnis! Als das Projekt in der Nähe meines Wohnortes gastierte, schlug ich eine alte Kirche als Veranstaltungsort vor. Als dann jemand zurückfragte, ob die Lokalität denn auch behindertengerecht sei, kam ich wieder einmal mehr ins Nachdenken. Als Mensch ohne Behinderung denkt mal viel zu selten darüber nach, wie hoch die Barrieren für Menschen mit einer Beeinträchtigung manchmal sein können.

Glücklicherweise konnte ich von der alten Kirche vermelden, dass dort an alles gedacht wurde.

Ich erzähle das vor allem deshalb, damit nicht der Eindruck entsteht, ich würde mich über Menschen mit Behinderung lustig machen, wenn ich die folgende Frage mit ihrer Antwort wiedergebe.

Frage

Ich habe mich bei der zuständigen Friedhofsverwaltung erkundigt und bin erschrocken über die Preise für Gräber und Grabsteine. Nun hätte ich für meinen Ludwig und mich gerne eine Gruft oder ein Mausoleum. Kann ich hierfür einen Bausparvertrag abschließen und eine Wohnungsbauprämie für behindertengerechtes Wohnen beanspruchen? Mein Mann Ludwig hat jetzt schon sechzig Prozent, und noch behinderter als tot kann man ja wohl nicht sein. Unsere Bank sagt, dass so was nicht geht.

Antwort

In der Tat beschreibt das Wort Behinderung ja eine Einschränkung gegenüber anderen lebenden Personen, und der Tod ist nun mal das Ende des Lebens und keine Krankheit oder Behinderung. Insofern kann man vermutlich auch nicht argumentieren, dass man als Toter in besonderem Maße behindert sei.

Statt eines Bausparvertrages würde ich Ihnen zu einer Bestattungsvorsorge mit ihren vielfältigen Finanzierungsmöglichkeiten raten. Jeder gute Bestatter kann Sie hier umfassend beraten. Die Möglichkeiten reichen von günstigen Sterbegeldversicherungen bis hin zur vorherigen Anzahlung des Grabes in erträglichen Raten.

WIR HOLEN SIE DANN PÜNKTLICH AB!

Mich erreichen immer ganz viele Fragen zum Thema »Sterbegeld«. Seitdem die gesetzlichen Krankenkassen kein solches mehr bezahlen, stehen viele vor der Frage, auf welche Weise sie ihre dereinstige Bestattung finanzieren sollen.

In den allermeisten Fällen machen sich die Menschen kaum Gedanken über dieses Thema und überlassen die Sorge ihren Hinterbliebenen. Aber dann wird die Bestattung eben auch so ausfallen, wie es sich diese Hinterbliebenen vorstellen und wie es ihr Geldbeutel hergibt.

Wer sicherstellen will, dass alles in einem würdigen Rahmen und nach den eigenen Vorstellungen abläuft, der kommt um eine Bestattungsvorsorge nicht herum. Damit verbunden ist dann oft auch der Abschluss einer Sterbegeldversicherung, die für die Bezahlung der Bestatterrechnung und des Grabes verwendet wird.

Das ist ein wichtiges Thema, und deshalb liegt mir daran, es auch in diesem Buch hier zu behandeln. Wie praktisch also, dass auch dazu jemand eine fast schon abenteuerliche Frage hatte.

Frage

Ich habe beim Beerdigungsinstitut eine Vorsorge und eine Sterbegeldversicherung abgeschlossen. Die ist an und für sich recht günstig. Aber in der Police steht »Beitragsendalter fünfundsechzig Jahre«.

Nun sind meine Frau und ich doch recht erstaunt darüber und fragen uns, was mit fünfundsechzig passiert, die Lebenserwartung ist doch heute bedeutend höher.

Antwort

Vertrag ist Vertrag! Der Bestatter wird Sie am fünfundsechzigsten Geburtstag holen, so wie abgemacht.

Okay, ich gebe zu, das ist Quatsch.

Endalter fünfundsechzig bedeutet in diesem Fall nur, dass der Versicherungsvertrag mit dem fünfundsechzigsten Lebensjahr erfüllt ist. Danach müssen Sie wahrscheinlich keine Beiträge mehr bezahlen, haben aber lebenslang vollen Versicherungsschutz.

Das ist übrigens eine Besonderheit bei Sterbegeldversicherungen.

Ist die Beitragsdauer nicht begrenzt oder müssen die Beiträge bis in ein sehr hohes Alter (z. B. fünfundachtzig Jahre) oder gar bis zum Lebensende gezahlt werden, dann kann es unter Umständen passieren, dass die Summe der insgesamt eingezahlten Beiträge höher ist als der Betrag, der hinterher im Todesfall an die Hinterbliebenen ausgeschüttet wird.

Verträge mit so langer Laufzeit rechnen sich nur für bereits betagte Personen, ansonsten sollte man darauf achten, dass die Beitragszahlungen in einem vertretbaren Alter (etwa bei Eintritt ins Rentenalter) auslaufen.

In Testberichten wird oft gerade dieser Punkt als Negativmerkmal für Sterbegeldversicherungen gewertet. Hierbei berücksichtigen die »Finanzexperten« allerdings nicht, dass es sich nicht um einen »Beerdigungssparvertrag« handelt, sondern um eine Versicherung!

Man könnte natürlich auch einen Sparvertrag abschließen und dort monatlich eine gewisse Summe einbezahlen; die Rendite ist da gewiss interessanter. Allerdings steht dann im Todesfall auch nur der Betrag zur Verfügung, der bis dahin angespart worden ist. Die Sterbegeldversicherung hingegen zahlt nach einer meist kurzen Wartezeit sofort die gesamte Versicherungssumme und bei Unfalltod oft sogar das Doppelte.

So gesehen darf man hier nicht Äpfel mit Birnen vergleichen, denn bei einer Sterbegeldversicherung geht es nicht in erster Linie darum, Kapital zu bilden und eine möglichst hohe Rendite zu erzielen, sondern darum, dass man nach der kurzen Wartezeit sofort versichert ist, ganz gleich wie viel oder wenig in die Versicherung eingezahlt wurde.

Man bezahlt also für den Versicherungsschutz und nicht für die Kapitalansparung. Im Übrigen zählt man ja auch nicht seine lebenslang gezahlten Beiträge für die Hausratversicherung zusammen, um dann festzustellen, dass man niemals Schäden in der Höhe der Summe der Beiträge geltend gemacht hat.

Wichtig ist die Sicherheit, dass im Falle eines Falles gezahlt wird; und welcher Fall tritt sicherer ein als der Tod?

SO VIELE TOTE?

Nach so viel grauer Theorie zum Thema Sterbegeldversicherung hier nun etwas Kurzes zum Aufheitern.

Frage
Ich habe Ihre Bücher gelesen und lese auch das Bestatterweblog unter www.bestatterweblog.de. Auch schaue ich mit meinem Mann viele Krimis im Fernsehen. Sagen Sie jetzt mal ehrlich: Wird wirklich so viel gestorben, wie Sie immer schreiben?

Antwort
Nein, die tun bloß so. In Wirklichkeit verstecken sich die Leute alle auf der Insel Lummerland.

WELCHE UNTERLAGEN BENÖTIGT MAN IM STERBEFALL?

Bevor wieder eine etwas lustigere Frage kommt, möchte ich auf eine Frage eingehen, die durchaus berechtigt ist.

Frage
Welche Unterlagen und Dokumente brauche ich im Sterbefall, zum Beispiel für das Standesamt?

Antwort
Jeder Bestatter kennt das: Wenn ein Angehöriger gestorben ist, stehen die übrigen Familienmitglieder vor der Frage, welche Papiere sie nun mit zum Bestatter nehmen müssen. Leider sind nahezu alle Ratgeber, die am Markt erhältlich sind, völlig falsch,

und auch in den tages- oder wochenaktuellen Publikationen der Presse wird immer wieder der gleiche Unsinn verzapft.

So kommt es dann, dass den Bestattern alte Stammbücher mit Hakenkreuz vom längst begrabenen Opa vorgelegt werden oder Schulzeugnisse, entwertete Ausweise und sogar Lehrverträge und Diplome.

Richtig ist normalerweise nur Folgendes:

- Ledige/Kinder: Geburtsurkunde
- Verheiratete: Heiratsurkunde
- Verwitwete: Sterbeurkunde des Ehepartners
- Geschiedene: Scheidungsurteil (mit Rechtskraftvermerk)

Bei verpartnerten Personen (was für ein Wort!) sind es eben die entsprechenden Unterlagen, wobei sich hier die Standesämter manchmal nicht ganz sicher sind, so dass es nicht schaden kann, auch die Geburtsurkunde vorzulegen.

Wichtig ist, dass man die jeweils letzte zutreffende der oben genannten Urkunden mitbringt. Anhand dieses Dokuments kann der Standesbeamte den Familienstand feststellen und die Sterbeurkunde ausstellen.

Beispiele

Wer zuerst ledig, dann verheiratet, dann geschieden und wieder verheiratet war, muss nur die letzte Heiratsurkunde vorlegen.

Wer verwitwet war, aber wieder geheiratet hat, legt ebenfalls nicht die Sterbeurkunde des ersten Ehepartners, sondern die aktuelle Heiratsurkunde vor.

Ich denke, das Prinzip ist klargeworden.

Leider steht in fast allen Publikationen, dass die Geburtsurkunde vorgelegt werden muss oder dass man seine übrigen wichtigen Unterlagen bei der Geburtsurkunde aufbewahren soll. Das führt dazu, dass ganze Heerscharen damit beschäftigt sind, für uralte Greise noch Geburtsurkunden bei den Standesämtern nachzufordern, die sie dann überhaupt nicht brauchen.

Am besten ist es, wenn man sich bei der Gründung einer Familie, was ja zumeist durch eine Heirat eingeleitet wird, vom Standesbeamten ein Familienbuch aushändigen lässt. In dieses kann man dann seine ganzen Familiendokumente hineinheften. Gerne auch die Geburtsurkunden sämtlicher Familienmitglieder und Ahnen.

Man macht auch nichts verkehrt, wenn man dieses gesammelte Werk, also viel zu viel an Unterlagen, mit zum Bestatter bringt. Falsch ist es nur, wenn man meint, der alte Gesellenbrief vom Urgroßvater könne irgendetwas nutzen.

Bei Geschiedenen ist es manchmal besonders kompliziert. Die sind nämlich nicht, wie die Presse immer wieder schreibt, wieder ledig geworden. Das geht nicht. Sobald man mal geheiratet hat, ist das Ledigsein ein für allemal »erledigt«. Der Familienstand ist »geschieden«, und das muss man nachweisen können. Das reine Scheidungsurteil reicht nicht aus, denn theoretisch hätte ja die jeweils andere Partei gegen dieses Urteil nochmals Widerspruch einlegen können, und eventuell hätte die Ehe dann fortbestanden. Also muss es die Ausfertigung des Scheidungsurteils sein, auf dem (meist am Rand) die Rechtskraft bescheinigt ist: rechtskräftig seit …

Was an weiteren Unterlagen in der jeweiligen Kommune benötigt wird, ist örtlich etwas unterschiedlich. Manche Kommunen drehen fast hohl, wenn der Personalausweis des Verstorbenen nicht mit abgegeben wird, in anderen Städten heißt es lapidar: »Den können Se sich an die Wand hängen.«

Wenn der Verstorbene einen akademischen Grad hatte und dieser in der Sterbeurkunde genannt werden soll, wollen die Standesbeamten zusätzlich das entsprechende Diplom etc. sehen.

Am allerbesten ist es, wenn man zu Lebzeiten bei einem Bestatter vorspricht und sich einen Vorsorgeordner anlegen lässt. Da erfährt man dann, was man benötigt, und hat im Falle eines Falles alles an einer Stelle zusammengefasst.

WIR WOLLEN ZUSAMMENBLEIBEN

Frage
Ich habe nach langen Wirren und Irrungen vor Jahren meine Jugendliebe geheiratet. Nun möchte ich mit diesem Mann für immer zusammenbleiben. Aber ohne ihn leben mag ich auch nicht.

Wie stelle ich es an, dass ich am gleichen Tag beerdigt werde wie er? Kann ich das in mein Testament schreiben?

Antwort
Fast war ich versucht, Ihnen zu schreiben: Sie müssen nur am gleichen Tag sterben … Aber das könnte Sie auf falsche Ideen bringen.

Bedeutsamer scheint mir der Hinweis zu sein, dass das Testament der denkbar schlechteste Platz ist, um Wünsche bezüglich seiner Bestattung zu formulieren. Aufgrund der Tatsache, dass Testamente oft erst Wochen nach der Beisetzung eröffnet werden, würden die dort geäußerten Wünsche erst bekannt, wenn die Bestattung schon vorüber ist.

Seine Vorstellungen hinsichtlich der eigenen Beerdigung formuliert man am besten in einer Bestattungsvorsorge beim

Bestatter. Von ihm erhält man Vorsorgeausweise, die man an gut zugänglichen Punkten (im Stammbuch, bei den Dokumenten und im Portemonnaie) aufbewahrt, so dass sie im Todesfall schnell gefunden werden, damit genau der Bestatter beauftragt werden kann, der über die Wünsche Bescheid weiß.

VEGETARIER

Auf manche Fragen kann ich gar nicht anders antworten als mit Ironie – und manchmal sogar mit Zynismus.

Frage
Ich bin Vegetarierin. Wie stelle ich sicher, dass die Kränze später mal auf meiner Beerdigung meinen Ansprüchen an ein vegetarisches Leben entsprechen? Wir Vegetarier haben es ja oft schon im Leben nicht leicht, so will ich wenigstens bei meiner Beerdigung alles einwandfrei haben.

Antwort
Aus was, wenn nicht aus Pflanzen, werden denn in Ihrer Gegend für gewöhnlich Kränze zur Beerdigung gemacht? Aus Weißwürsten?

KAROTTEN ODER MÖHREN?

Frage
Dürfte ich zum Beispiel auch Möhren auf das Grab meines Vaters pflanzen? Wenn Möhren nicht gehen, könnte man dann gelbe Rüben nehmen?

Antwort

Lieber Herr O. Hase, ich gehe zwar nicht davon aus, dass Ihre Anfrage wirklich ernst gemeint ist, jedoch gibt über die Art der erlaubten Grabbepflanzung die jeweilige Friedhofsordnung Auskunft. In manchen Satzungen sind bestimmte Pflanzen aufgelistet, die erlaubt oder verboten sind, oft gibt es aber auch nur Regelungen, die eine ordentliche und angepasste Bepflanzung vorschreiben. Sie müssten prüfen, ob die gewünschte Bepflanzung mit Möhren diesen Anforderungen entspricht. Ansonsten weichen Sie doch einfach auf Karotten aus.

ANGST VOR ORGANENTNAHME

Frage

Ich habe einen Organspenderausweis. Nun nagt in mir die Befürchtung, jemand könnte mir Organe auch schon dann entnehmen, wenn ich noch gar nicht tot bin. Was kann ich machen, damit das nicht passiert?

Antwort

Gut aufpassen!

REIFENPANNE

Frage

Wenn ihr einen Sarg zum Friedhof bringt und habt unterwegs ein platten Reifen, was macht ihr dann? Anderen Bestatter rufen? Sarg zu Fuß den Rest tragen? Beerdigung verschieben? Feuerwehr anrufen? Mit dem Abschleppwagen zum Friedhof fahren?

Antwort

Reifen wechseln.

HOFFNUNGSVOLLE BUCHAUTORIN

Frage

Ich habe Sie im Fernsehen gesehen, und da sagten die, Sie wären Deutschlands Bestattungsexperte Nummer eins. Jetzt bin ich aber angehende Bestattungsfachkraft, lerne also den Beruf des Bestatters, und weiß alles viel besser als Sie. Warum fange ich kein Blog an zum schreiben, trete selbst im Fernsehen auf und werde berühmt, oder mit einem Buch?

Antwort

Das ist wahrlich eine der Fragen, die die Welt bewegen.

Ich möchte Ihnen herzerfrischend zurufen: »Tun Sie es!«

BETRUG BEIM BESTATTER?

Frage

Mein Mann und ich, also wir haben uns das mit der Bestattung und den Bestattungsunternehmern mal durch den Kopf gehen lassen. Ist das tatsächlich so, dass Bestatter die Särge und Urnen viel günstiger einkaufen und sie dann an die Kunden teurer weiterverkaufen? Ich glaube ja nicht, dass Sie das zugeben würden, aber das ist ja dann wohl Betrug?

Antwort

Bestatter sind keine Wohltätigkeitseinrichtungen, sondern sie betreiben ihr Geschäft mit kaufmännischer Gewinnabsicht.

Jeder Bestatter ist Kaufmann und will mit seinem Beruf Geld verdienen. So bietet er zahlreiche Dienstleistungen gegen Entgelt an und verkauft die für eine Bestattung notwendigen Artikel. Selbstverständlich kauft er diese zu einem niedrigeren Einkaufspreis an, kalkuliert dann seine Kosten hinzu und verkauft sie zu einem höheren Verkaufspreis weiter. Das ist ganz normales kaufmännisches Handeln.

KAISER, KÖNIG, BETTELMANN

So manche Frage, die über das Internet gestellt wird, entbehrt selbst in Grundzügen der gebotenen Höflichkeit. Es fehlt oft die notwendige respektvolle Distanz, und die Fragen sind sehr flapsig gestellt. Fast schon typisch ist es, dass man von völlig fremden Personen einfach geduzt wird. Aus der Anonymität des Netzes heraus machen sich viele einfach keine Gedanken mehr über die Umgangsformen und denken sich offenbar, dass man sowieso nicht so genau weiß, wer sie sind, und dass es dann ja auch nicht so draufankommt.

Frage
Sachma, hast schon mal wen Prominentes beerdigt, jetzt mal so ein Kaiser oder König oder vielleicht nen Heiligen oder nen Papst? Wie war das, schreib doch mal.

Antwort
In Ermangelung geeigneter Hocharistokratie in meinem näheren Umfeld ergab sich bislang noch nicht die Möglichkeit, einen Kaiser oder König zu bestatten. Auch Päpste und Heilige sind hier leider eher selten.

ENTSORGEN BESTATTER IHREN MÜLL IN DEN SÄRGEN?

Frage
Ich habe mit großer Erschütterung einen Bericht im Fernsehen gesehen, in dem berichtet wurde, Bestatter würden ihren Büromüll, also vorzugsweise Schnipsel und so weiter, in den Särgen unten drin entsorgen. Wie kann ich mich schützen, dass ich später nicht auf Müll liege?

Antwort
Manche Leute werfen ihre alte Couch irgendwo in den Wald. Umwelt- und Müllsünder gibt es vermutlich überall. Wahrscheinlich gibt es auch den einen oder anderen Bestatter, der als schwarzes Schaf der Branche seine Arbeit nicht korrekt macht.

Aber das, was Sie meinen, das ist eine der typischen »Wie mache ich aus einer Mücke einen Elefanten«-Storys.

Der Verstorbene wird ja im Sarg nicht auf den nackten Holzboden gebettet, sondern eine vorschriftsmäßige Sargausstattung besteht aus einem mehrlagigen Aufbau. Zunächst wird der Sarg mit einer verrottbaren und wasserundurchlässigen Folie ausgeschlagen. Auf diese kommt dann eine Schüttung aus saugfähigem Material. Hierfür kann von Torf über Sägemehl bis hin zu Hobelspänen alles Mögliche genommen werden.

Als es noch vorwiegend Schreiner waren, die im Nebenberuf auch Bestatter waren, wurden Hobelspäne verwendet. Heute ist der Bestatter mehr ein kaufmännisch-verwaltender Beruf, und es fallen keine Hobelspäne mehr an, weil die Särge in der Regel fertig angekauft werden. Da liegt es nahe, die im Büro anfallenden Schredderschnipsel aus Papier zu nehmen.

Damit wird oft die untere saugfähige Schüttung gemacht, und es werden auch die Kopfkissen damit gestopft. Das Material erfüllt alle Voraussetzungen: Es ist saugfähig, verrottbar, und es ist leicht brennbar.

Oben auf die Lage aus Papierschnipseln oder Hobelspänen kommt dann die Sargbespannung, die alles verdeckt und für ein ordentliches Aussehen sorgt. Hierauf kommt die Sargmatratze, die ebenfalls mit saugfähigem Material gefüllt ist. Erst darauf wird der Verstorbene gebettet, mit Kopfkissen und Decke.

Es kann also keine Rede davon sein, dass hier Abfälle entsorgt werden, sondern die Bestatter betreiben ein ganz vernünftiges Recycling von Zellulose, indem sie z. B. diese Papierschnipsel verwenden.

SELBST IST DER MANN

Bevor wir uns einem etwas umfangreicheren Lehrstück zuwenden, noch eine ganz kurze Sache. Hier hat sich vermutlich ein wackerer Häuslebauer seine Gedanken gemacht.

Frage
Ich würde gerne wissen, ob man sich sein Grab auch selbst schaufeln kann. Ich würde mir dann ein Grab aussuchen, alles schon mal im Voraus bezahlen und wenn es so weit ist ein paar Tage vorher das Grab ausheben. Geht das?

Antwort
Tja, warum eigentlich nicht? Ich würde mal die zuständige Friedhofsverwaltung anrufen, die haben auch kein leichtes Leben und freuen sich bestimmt über dementsprechende An-

fragen zur Auflockerung des sonst doch recht eintönigen Arbeitsalltags in einer städtischen Verwaltung.

KANN ICH EINE BESTATTUNG SELBST MACHEN?

Kommen wir also nun zu einem etwas längeren Exkurs in den Bestatteralltag.

Bestatter arbeiten im Verborgenen, und das liegt nicht daran, dass sie ihr Tun geheim halten wollen oder dass sie etwas zu verbergen hätten. Vielmehr wollen die allermeisten Menschen gar nicht so genau wissen, was da alles gemacht wird.

So kann natürlich auch nach außen hin der Eindruck entstehen, der Bestatter mache gar nicht viel. Aber mit dem Abholen des Leichnams und dem Transport des Sarges zum Friedhof ist es eben wirklich nicht getan.

Weil das für viele recht interessant ist und ich immer wieder ganz ähnliche Fragen gestellt bekomme, gebe ich hier eine solche Frage und eine etwas längere Antwort dazu wieder.

Frage
Das, was so ein Bestatter macht, kann man ja wohl locker selber machen und viel Geld sparen. Was habe ich zu beachten?

Antwort
Bis es den Beruf des Bestatters gab, haben die Menschen Bestattungen in weiten Teilen unseres Landes selbst abgewickelt. Es ist auch bis heute nirgendwo zwingend vorgeschrieben, einen Bestattungsunternehmer mit der Abwicklung zu beauftragen. Damit man eine Bestattung selbst abwickeln kann, muss man hinsichtlich der Aufbewahrung und des

Transports des Verstorbenen den gesetzlichen Anforderungen Rechnung tragen.

Da Verstorbene nur in einem Sarg und nur in einem Bestattungsfahrzeug transportiert werden dürfen, wird man in den seltensten Fällen umhinkönnen, wenigstens für die Sarglieferung und die Fahrt zum Friedhof ein Bestattungsunternehmen zu beauftragen.

Bis zu sechsunddreißig Stunden darf man den Verstorbenen in aller Regel in den eigenen Räumen behalten. Diese Zeit sollte normalerweise genügen, um telefonisch Preisvergleiche anzustellen und abzuklären, welcher Bestatter (bzw. Schreiner/Leichentransporteur) diesen Auftrag übernimmt.

Wichtig ist, dass für alle weiteren Schritte die ordnungsgemäßen Leichenschaupapiere und die Todesbescheinigung des Arztes vorliegen und in den entsprechenden, teils verschlossenen Umschlägen verbleiben.

Bis der Sarg geliefert wird, kann man den Verstorbenen waschen, ankleiden und frisieren, damit man ihn zügig in den Sarg einbetten kann, sobald dieser eintrifft. Zu berücksichtigen ist, dass man einen komplett ausgestatteten Sarg mit den vorgeschriebenen Einlagen und keinen rohen Sarg bestellt. Als Kissen und Decke kann gewöhnliches Bettzeug oder ein Leintuch dienen. Bei einer geplanten Einäscherung sollte man am besten an eine Einkleidung in ein Baumwollnachthemd bzw. einen Pyjama denken.

Am Sarg sollte man einen Zettel mit den Lebensdaten und dem Namen des Verstorbenen anbringen, auf dem auch die eigene Adresse und Telefonnummer als Leichenbesorger vermerkt ist.

Der Transporteur wird den Sarg dann zum benannten Friedhof bringen. Von der Terminierung her ist es sinnvoll, diesen Transport zu den üblichen Öffnungszeiten des Friedhofs durchführen zu lassen, sofern der Transporteur nicht ohnehin über die entsprechenden Zugangsmöglichkeiten verfügt.

Der nächste Weg führt zum zuständigen Friedhofsamt. Je nach Gemeinde kann das auch schon vor der Überführung des Verstorbenen notwendig werden. Beim Friedhofsamt muss man den Sterbefall anmelden, den Termin absprechen und die weitere Vorgehensweise abklären. Eventuell werden hier auch erste Gebühren fällig. Man muss insbesondere abklären, wer sich um den Pfarrer, den Organisten und die Träger kümmert. Wenn man Glück hat, verständigt die Behörde alle oder einige davon; hat man Pech, muss man das selbst tun. Hier sollten Sie immer am Ball bleiben und alles genau erfragen!

Als Nächstes steht der Weg zum Standesamt an. Gegen Vorlage der Leichenschaupapiere und der Todesbescheinigung trägt der Standesbeamte den Todesfall in das Sterbebuch ein und erstellt die notwendige Anzahl an Sterbeurkunden. In der Regel genügen maximal vier bezahlte Urkunden, die zusätzlich benötigten Exemplare für den Pfarrer, die Rentenversicherung und die Sozialversicherung sind frei. Außerdem erhält man die abgestempelte Todesbescheinigung zurück, die nunmehr wieder zum Friedhofsamt gelangen muss.

Rechnen Sie aber durchaus mit mehreren Behördenwegen und längeren Wartezeiten. Hat man nicht alle nötigen Unterlagen dabei und legt sie nicht bei der passenden Stelle vor, wird man abgewiesen und muss das Fehlende erst noch besorgen.

Was nun folgt, ist reine Organisationsarbeit. Am besten man telefoniert zuerst mit dem Friedhofswärter und lässt sich erklären, wer für gewöhnlich was macht. Machen die Friedhofsmitarbeiter den Grabaushub, oder machen das für gewöhnlich die Bestatter? Würde es normalerweise der Bestatter machen, dann muss man nun selbst zur Schaufel greifen. Aber Vorsicht: Der Grabbau ist keine einfache Angelegenheit. Neben der exakten Beachtung der notwendigen Maße für das Grab sind im und um das Grab zahlreiche Sicherungsmaßnahmen, wie etwa die Einbringung von Stützen und Schalungen zwingend vorgeschrieben. Überdies ist zu klären, wohin der Aushub zur Zwischenlagerung gebracht wird; man kann ihn ja nicht einfach aufs benachbarte Grab schaufeln. Außerdem könnte es erforderlich sein, dass auch die Grabsteine der benachbarten Gräber mit abgebaut und anschließend wieder fachgerecht mit dem Fundament verbunden werden müssen.

Eventuell kann es notwendig werden, dass man eine Fachfirma beauftragt.

Man muss auch klären, ob die Friedhofsverwaltung einen Organisten bestellt oder ob man dafür selbst zuständig ist. In letzterem Fall könnte man sich bei Kirchengemeinden und Musikschulen zu geeigneten Musikern durchfragen. Rechnen Sie aber eher mit hohen Kosten. Während die üblichen Friedhofsorganisten eher für einen Hungerlohn spielen müssen, verlangen extra angeheuerte Künstler oft ein Vielfaches.

Dann gilt es, den Pfarrer zu verständigen. Hat er an dem geplanten Termin Zeit, oder muss der Termin geändert werden?

Hat man alle Beteiligten unter einen Hut gebracht, kann man, sofern dies gewünscht wird, eine Traueranzeige in der Zeitung schalten und die Blumen bestellen.

Am besten schreibt man sich alle Schritte auf und macht sich einen Erledigungsvermerk.

Es kann auch nicht verkehrt sein, alles noch einmal mit dem Sachbearbeiter auf dem Friedhofsamt durchzusprechen, damit auch ja nichts vergessen wird.

Der Ablauf solcher Bestattungen ist von Ort zu Ort unterschiedlich, so dass eine exakte Anleitung nicht gegeben werden kann. In manchen Gemeinden muss z. B. das Läuten der Totenglocke extra bei der Gemeinde oder Kirche bestellt werden usw.

Bei einer Erdbestattung ist damit im Grunde alles erledigt. Wird eine Feuerbestattung gewünscht, so muss der Sarg nach der Trauerfeier noch zum Krematorium gebracht werden. Schon bei der Anmeldung beim Friedhofsamt sollte man das deutlich sagen und die weiteren notwendigen Schritte (Anmeldung beim Krematorium usw.) erfragen.

Achtung: Man kann den Verstorbenen statt zum Friedhof auch direkt zum Krematorium bringen lassen. Dann sollte man erfragen, ab welchem Datum die Urne garantiert zur Verfügung steht. Statt einer Trauerfeier in der sehr kostspieligen Trauerhalle des Friedhofs kann man dann eine Totenmesse in der Kirche bestellen und anschließend mit den Trauergästen zum Friedhof fahren, um die Urne beizusetzen.

Das geht auch bei Beerdigungen! Trauerfeiern in der Kirche sind immer günstiger als in der Friedhofskapelle, nur ist dann eben kein Sarg dabei.

Zum Thema Urne: Die Asche wird vom Krematorium in eine Aschenkapsel gefüllt und verschlossen. Diese Urne kann man bedenkenlos so beisetzen, die Über- oder Schmuckurne ist nur für die Optik. Aber bitte erkundigen, ob das Krematorium die Aschenkapsel stellt oder ob man die selbst besorgen muss.

Nach der Bestattung gibt es noch eine ganze Menge zu tun. Der Todesfall muss vom Rententräger bis zur Versicherung allen möglichen Stellen mitgeteilt werden.

Es ist also durchaus möglich, das (fast) alles selbst zu machen, und keine Bange, spätestens beim zweiten oder dritten Mal weiß man ungefähr, wie es geht.

DARF ICH MEINE OMA SELBST VERBRENNEN?

Frage

Wir gehören keiner Kirche an und lehnen den ganzen kirchlichen Unfug entschieden ab. Uns kommt kein Pfaffe ins Haus, und wir wollen auch keine Beerdigung mit Trallala und Jesus und so.

Überhaupt kommt für mich und meine Frau nur eine Feuerbestattung in Frage, auch für unsere Oma. Der Opa ist schon vor drei Jahren verbrannt worden, und die Beerdigung von der Urne hat uns gar nicht gefallen. Alles geheuchelt!

Wir haben seit drei Jahren einen eigenen Hausbackofen, der so groß ist, dass wir auch für die Nachbarschaft bis zu zwanzig Laibe Brot gleichzeitig ausbacken können. Ginge es, dass wir, selbstverständlich nach vorheriger Anmeldung beim Friedhofsamt, unsere Oma eines Tages selbst in diesem Ofen verbrennen? Große Unterschiede zu einem Krematorium bestehen da ja nicht. Und was gilt es dabei zu beachten?

Antwort

Nein, das geht nicht. Damit der Sarg mit dem Leichnam überhaupt verbrennen kann, sind Temperaturen um 900 Grad Celsius in der ersten Verbrennungsstufe erforderlich. Solche Temperaturen werden beim Brotbacken im Allgemeinen nicht benötigt und von Bäckeröfen demnach auch nicht ohne weiteres erreicht.

Außerdem ist eine umfangreiche Abgasreinigung vorgeschrieben, die sie sicherlich nicht werden einhalten können.

Grundsätzlich ist es – aus diesen wie auch vielen anderen Gründen – nicht gestattet, Leichenverbrennungen außerhalb dafür zugelassener Krematorien durchzuführen.

SECHSUNDDREISSIG TAGE IM SOMMER

Manchmal erkennt man schon an der Rechtschreibung, wes Geistes Kind der Fragesteller ist. Nicht, dass ich Vorurteile hätte; ich weiß, dass viele Menschen eine Rechtschreibschwäche haben. Aber ich weiß auch, dass sehr viele Leute, die nicht richtig schreiben können oder wollen oder zu faul sind, nach Fehlern zu suchen, sich einfach hinter der Behauptung verstecken, sie hätten Legasthenie.

Also, wie gesagt, manchmal kann man an der Rechtschreibung schon viel ablesen.

Frage

Ich habe gehördt, das mann seinen Toden bis zu 36 Tage zu hause Aufbewaren darf. Was ist aber wenn mann ihn Länger bei sich Haben will? Gibt es da bestimmungen? Wen muss mann Fragen?

Antwort

Sechsunddreißig Stunden!!!

Bitte keinesfalls länger! Fristverlängerungen gewährt auf Antrag das Gesundheitsamt.

VANDALISMUS AUF DEM FRIEDHOF

Frage

Auf Friedhöfen gibt es so viel Vandalismus, und gestohlen wird ja auch. Ich möchte gerne, wenn ich mal tot bin, meinen Grabstein besonders tief in die Erde setzen lassen, also mehr als 1,80 m tief. Meinen Sie, dass das geht?

Dann kann ihn keiner klauen. Ist das eine gute Idee?

Antwort

Die Idee ist sogar sehr gut. Bei einer Tiefe von 1,80 Metern könnten Sie den Stein auch von unten festhalten. Aber wirklich notwendig wird das nicht sein, es wird oben nichts mehr von dem Stein aus der Erde ragen.

NEBENEINANDER ODER IM REIHENGRAB?

Gelegentlich erreichen mich auch Fragen, die ich einfach nicht verstehe. Ich versuche dann immer, mich in die Situation des Fragestellers zu versetzen, und komme manchmal auf diese Weise darauf, was er gemeint haben könnte. Manchmal …

Frage

Ein Mann kommt zu Ihnen und will seine Schwester beerdigen lassen, also jetzt die Frau von seinem Bruder. Geht das in einem Reihengrab oder müssen die eine Feuerbestattung nehmen?

Antwort

Ja.

WER KOMMT ZUERST?

Frage

Ich habe das schon mit dem Beerdigungsinstitut hier vor Ort geklärt. Mein Mann hängt sehr an unserem Pudel Gertrud. Wenn mein Mann mal stirbt, möchte er mit Gertrud zusammen beerdigt werden. Das geht auch, weil Gertrud ein Zwerg-pudel ist und im Sarg kaum auffällt. Da sie schon fünfzehn Jahre alt ist, den grauen Star hat und eine Zyste an der Milchleiste, wäre es ja auch nicht schlimm, wenn ich sie kurz nach dem Tod meines Mannes einschläfern lassen würde, da-mit der letzte Wunsch meines Mannes in Erfüllung gehen kann.

Nun brauche ich aber Ihre Hilfe. Ich bin gestern Nacht schweißgebadet aufgewacht, weil ich mir auf einmal die Frage stelle, was ich denn nun mit meinem Mann machen soll, falls Gertrud vor ihm stirbt.

Können Sie mir einen Rat geben?

Antwort
Sehen Sie in diesem Fall bitte unbedingt davon ab, irgend-etwas mit Ihrem Mann zu machen!

Man könnte das tote Tier eventuell einfrieren lassen; güns-tiger und praktischer wäre es aber, wenn Sie in diesem Fall den Hund in einem Tierkrematorium einäschern lassen und die Asche aufbewahren, bis Sie sie zu Ihrem Mann mit in den Sarg geben können.

EINE WERTVOLLE UHR

Frage
Mein Mann war vierzig Jahre bei ein und derselben Firma be-schäftigt und hat zum Renteneintritt eine Armbanduhr über-reicht bekommen. Er war immer sehr stolz darauf, obwohl er immer auch gesagt hat, dass es eine sehr billige Uhr gewesen sei. Ihm kam es aber mehr auf den eingravierten Spruch von der Firma hinten auf der Uhr an.

Als er vor zwölf Jahren beigesetzt wurde, hat mich der Beerdigungsunternehmer gefragt, ob ich die Uhr haben möchte oder ob sie bei meinem Mann verbleiben soll. Da er so daran gehangen hat, habe ich sie ihm angelassen. So ist er dann auch eingeäschert worden.

Nach so langer Zeit hänge ich aber immer noch an meinem Mann und möchte die Uhr gerne als Andenken wiederhaben.

Meinen Sie, man könnte ihn ausgraben und die Uhr dann restaurieren lassen?

Antwort

Nun, Sie schreiben, dass Ihr Mann eingeäschert wurde.

Es ist nicht davon auszugehen, dass sich die Uhr in intaktem Zustand und in der Urne befindet.

Kleinteilige Schmuckstücke werden mitunter einfach mit eingeäschert. Das geschmolzene oder verformte Restmetall wird dann später aus der Asche entnommen und vom Krematorium entsorgt. Eventuell anfallende Erlöse aus dem Edelmetallverkauf fließen entweder in den Finanzhaushalt des Krematoriums oder werden für soziale Zwecke gespendet.

In welcher Reihenfolge sollen wir sterben?

Frage

Mein Mann und ich haben vor, unsere Beerdigung zu planen. Für uns kommt nur ein Doppelgrab in Frage, weil wir auch nach dem Tod nicht getrennt werden wollen. Nun gibt es hier auf dem Südfriedhof hinter St. Anna Doppelgräber, bei denen man übereinanderliegt.

Wenn jetzt mein Mann oben liegen will und ich unten, in welcher Reihenfolge müssen wir dann sterben, damit das keine Probleme gibt? Es gibt auch Doppelgräber, wo man nebeneinander liegt. Wer kommt dann nach rechts?

Antwort

Bei mehrstelligen Gräbern, in denen Bestattungen übereinander stattfinden, muss der Erstverstorbene immer ganz nach unten, also »tiefbestattet« werden. Wenn Ihr Mann also unbedingt oben liegen will, so müssten Sie vor ihm versterben, sonst kommt er nach unten.

Sie können aber der Problematik mit oben und unten ganz leicht aus dem Weg gehen, indem Sie sich für ein solches Grab entscheiden, in dem Sie nebeneinander liegen können. Dann spielt die Reihenfolge nämlich keine Rolle mehr. Wer rechts oder links liegt, das bleibt Ihnen überlassen. Vielleicht orientieren Sie sich daran, wie Sie immer im Ehebett gelegen haben.

CORSO DER ROCKER

Vor einigen Jahren ist bei der Auseinandersetzung zweier verfeindeter Motorradclubs einer der Rocker ums Leben gekommen. Wie so oft in solchen Fällen legen die Freunde dann zusammen und richten für ihren verstorbenen Zunftbruder eine pompöse Bestattung aus.

In diesem speziellen Fall zogen die Motorradrocker in einem Konvoi, einem Motorrad-Corso, von Duisburg, wo sie sich versammelt hatten, nach Gelsenkirchen, wo die Bestattung stattfinden sollte.

Dazu erreichte mich die folgende Frage.

Frage

In einem Zeitungsartikel las ich, dass in einem Bandenkrieg zwischen Rockern ein Rocker erschossen wurde. Nun lese ich, dass der Rocker Corso von Duisburg nach Gelsenkirchen zieht.

Ist dieser Rocker Corso eine Art Chef von den Rockern, und warum ziehen Rockerchefs immer in die Nähe von Friedhöfen?

Antwort

Ich lege Wert auf die Feststellung, dass nicht ein Rocker namens Corso von Duisburg nach Gelsenkirchen umzieht, sondern die in Duisburg versammelten Motorradfahrer in einem Konvoi, also in einem Corso, von Duisburg nach Gelsenkirchen fahren. Und nein, sie fahren nicht in einem Corsa.

ABSCHIEDSBRIEF

Frage

Als mein Vater vor über dreißig Jahren verstorben ist, hatte ich ein sehr schlechtes Verhältnis zu ihm. Wir sprachen da schon seit sechs Jahren kein Wort miteinander.

Jetzt habe ich in den letzten Jahren an einem längeren Brief für ihn gearbeitet. Kann ich meinen Vater nun ausgraben lassen, damit ihm der Brief in den Sarg gelegt werden kann?

Als Tochter habe ich da doch sicher einen Anspruch drauf.

Antwort

Ausgrabungen von Verstorbenen werden nur in besonders wichtigen Fällen genehmigt. Ein solcher dürfte in Ihrem Fall nicht vorliegen. Warum vergraben Sie den Brief nicht selbst einige Handbreit tief an der Stelle, an der Ihr Vater beigesetzt worden ist?

Ich muss Ihnen leider auch die Illusion nehmen, dass nach über dreißig Jahren noch ein intakter Körper zum Ausgraben vorhanden sein könnte. Man begräbt die Menschen, damit sie im Erdreich vergehen können. Nach einigen Jahren ist da nicht mehr viel übrig.

NOCH EIN ABSCHIEDSBRIEF

Frage
Wenn ich eines Tages sterbe, würde ich meiner Familie gerne einen Brief hinterlassen, in dem ich dem ganzen verwanzten Pack einmal meine Meinung über sie sage. Was meinen Sie, wann der richtige Zeitpunkt dafür wäre?

Mir würde das eine ungeheure Freude bereiten, mit den ganzen Aasgeiern einmal abzurechnen.

Antwort
Am allerbesten schreiben Sie diesen Brief, bevor Sie sterben. Allerdings würden Sie noch viel mehr Freude verspüren und mehr davon haben, wenn Sie diesen Brief auch noch zu Ihren Lebzeiten verschicken oder vorlesen würden.

KOMBI

Frage
Mein Schwager hat einen Kombi. Könnten wir nicht viel Geld sparen, wenn wir den Opa selbst zum Bestatter bringen und dann den Sarg auch zum Friedhof fahren?

Antwort

Wenn der Sarg mit rund zwei Metern Länge in den Wagen passt, wäre das theoretisch möglich. Praktisch sieht das etwas anders aus, da der Transport von Leichen durch die meisten Landesbestattungsgesetze auf extra dafür zugelassene Bestattungswagen beschränkt ist.

TOD AM TELEFON –
DIE SCHÖNSTEN ANRUFE
BEIM BESTATTER

Wenn Leute beim Bestatter anrufen, dann kann das mehrere Gründe haben. Entweder haben sie den Tod eines Angehörigen mitzuteilen und wollen die Dienste des Bestatters in Anspruch nehmen, oder sie sind bereits Kunde, und es gibt noch einiges zu regeln – oder aber sie wollen einfach bloß quatschen. Manche haben sich aber auch einfach verwählt oder haben keine Ahnung, bei wem sie da gerade anrufen.

Aus der Rubrik »Sie müssen schnell kommen, bei uns ist jemand tot!« habe ich eine ganze Palette von kuriosen Anrufen und Dialogen zusammengetragen.

Dabei ist es so, dass bei ganz normalen Sterbefällen zu Hause oder im Krankenhaus keinerlei Eile geboten ist. Das wissen aber die Angehörigen oft nicht. So rufen immer wieder Kunden an oder kommen ganz aufgeregt vorbei und wollen, dass der Bestatter ganz schnell, am besten mit Blaulicht und Martinshorn, und trotzdem so unauffällig wie möglich kommt.

AN DER »RÜSTIGEN AMEISE«
SIND SIE VERKEHRT

Die Anrufe von Kunden sind eine Fundgrube an Abenteuer-
lichkeiten und Abstrusitäten. Natürlich weiß ich, dass sich
die Leute in einer absoluten Ausnahmesituation befinden,
und selbstverständlich ist man als Bestatter immer bemüht,
den Anrufern mit der notwendigen Aufmerksamkeit und
dem geschuldeten Respekt zu begegnen.

Das bewahrt einen aber oft nicht vor Dialogen wie dem
folgenden.

»Bratfisch!«
  »Wie bitte?«
  »Bratfisch!«
  »Äh …«
  »Wir heißen so.«
  »Macht ja nichts.«
  »Unsere Omma is tot.«
  »Ja, war der Arzt schon da?«
  »Jau, der Arzt, der Pastor und die Frau vom Pflegedienst.
Der Arzt hat einen Haufen Zettel ausgefüllt, der Pastor so
datt Übliche, und die vom Pflegedienst hat die ganzen übrig
gebliebenen Medikamente, Windeln und anderen Sachen mit-
genommen.«
  »Aha …«
  »Kommen Sie dann?«
  »Ja, geben Sie mir bitte Ihre Adresse, Herr Bratfisch?«
  »Jau, hamm Se watt?«
  »Was?«
  »Watt zum Schreiben?«
  »Ja.«

»Fuchsienallee 17.«

»Fuchsienallee? Wo soll die denn sein, hier in unserer Stadt? Habe ich noch nie gehört. Ist das in Süd, im Neubauviertel?«

»Nee, inne Schrebergärten beim Kraftwerk.«

»Die Verstorbene liegt in einem Schrebergarten?«

»Ja, nich im Garten gezz, sondern mehr so inner Laube.«

»Ungewöhnlich …«

»Datt wollte die so, die wollte in ihrem Garten sterben, da hammwer se vor drei Wochen hier rüber. Der Gartenvorstand hat erst gemotzt, weil man ja hier nich wohnen darf, aber erstens hab ich dem gesacht, datt Sterben nicht dattselbe wie Wohnen is, und zweitens hab ich dem sechs Euro achtzig für't Wassergeld gegeben, und dann war der ruhig.«

»Also Fuchsienalle 17 in der Schrebergartenkolonie.«

»Jau, und kommen Se bitte nicht mittem Leichenwagen zur Laube.«

»Wie bitte?«

»Ja, die Omma hat ihren Garten hinten im alten Teil, da wo die Wege so eng sind, da können Se nich mittem Leichenwagen hinfahren.«

»Da kann man nicht mit einem Auto hin?«

»Nee, nur mitte Schubkarre oder mit sonnem Vespa-Töff-Töff, so eins mit drei Räder.«

»Hm, und wie sollen wir die Verstorbene dann abtransportieren? Wie weit ist es denn vom Gartenhaus bis zur nächsten befahrbaren Straße oder Stelle?«

»Ach, datt is gezz nich soooo weit, gute zwanzich Minuten zu Fuß, man muss halt viel abbiegen, is ziemlich verwinkelt hier hinten.«

»Gut, dann sagen Sie mir jetzt, wo wir mit dem Auto hinfahren können, und ab da kommen wir dann mit der Fahrtrage.«

»Kennen Se die ›Rüstige Ameise‹, datt Lokal?«

»Ja, das kenne ich.«

»Gut, wenn Se dahin fahren, dann sind Se verkehrt.«

»Was?«

»Ja nee, datt is zwar auch bei uns inne Anlage, aber mehr so auffe andere Seite, wo die ganzen Weißrussen gezz ihre Gärten haben. Sie müssten an datt Naturfreundehaus fahren, kennen Se datt?«

»Kenn ich auch.«

»Gut, da wären Se richtich. Da stellen Se datt Auto hin und dann kommen Se.«

»Okay, und wie weit ist es vom Naturfreundehaus bis zu Ihrem Garten?«

»Ich sachte ja schon, so ’ne Viertelstunde bis zwanzich Minuten, wenn Se gut zu Fuß sind.«

»Also gut, können Sie jemanden zum Naturfreundehaus schicken, der dort auf den Bestattungswagen wartet und uns den Weg zeigt?«

»Jau, datt mach ich, da schick ich Ihnen den Werner, der steht hier sowieso nur im Weg rum. Aber mit der Fahrtrage, datt wird nix. Wenn datt so’n Ding is wie im Krankenwagen, so mit so kleine Räder unten dran, dann bleiben Se auffe nassen Wege stecken.«

»Wir machen das schon.«

»Wissen Se watt?«

»Nee.«

»Wir machen datt anders. Sie kommen an datt Naturfreundehaus und ich hol datt kleine Vespa-Auto mit der Pritsche vom Gartenvorstand, und wir bringen Ihnen die Omma da hin.«

»Also wirklich …«

»Nee, hören Se, datt is datt Einfachste. So machen wir datt. So inne halbe Stunde? Also, tschüs, bis dann!«

DIE WASSERBESTATTUNG

Eine Kundin ruft an und erkundigt sich.

»Mein Mann will ne Wasserbestattung.«

»Eine was?«

»So mit Wasser.«

»Sie meinen eine Seebestattung?«

»Nee, nich im See, im Wasser.«

»Ich meine, eine Bestattung auf hoher See. Ist es das, was Ihr Mann wollte?«

»Weiß ich doch nich. Der hat nur Wasserbestattung gesacht.«

»Ich kenne nur Seebestattungen, bei denen dann die Urne später im Meer versenkt wird.«

»Keine Ahnung.«

»Was machen wir denn jetzt?«

»Keine Ahnung, meinen Mann könn' wer ja nich mehr fragen.«

»Eben.«

»Watt kost' denn so'n ganz normales Grab? Nehmen wer eben sowatt.«

WATT KOST'?

Wenn man bei einem Bestatter anruft und nach dem Preis für eine Beerdigung fragt, ist das genauso witzlos, als würde man bei einem Hochzeitsplaner fragen, was eine Hochzeit kostet – oder als ob man einen Architekten fragt, was denn ein Haus kostet. Die korrekte Antwort auf eine solche pauschale Frage lautet: Kommt darauf an.

Leute, die bei einem Hochzeitsplaner anrufen, haben aber die Möglichkeit, sich für die Planung und Vorbereitung ihrer Hochzeit Zeit zu lassen. Wer zu Hause einen sich immer mehr aufblähenden und gleichzeitig zusammenfallenden Opa liegen hat, kommt schon eher in Zeitnot. Außerdem ist oft genug das klare Denken durch die Trauer und die Aufregung getrübt, und dennoch hat man in diversen Verbrauchersendungen oder dem staatlich institutionalisierten schlechten Gewissen der Nation, der Zeitschrift *test*, ja schon einiges über Bestatter mitbekommen, nichts richtig verstanden und will jetzt keinen Fehler machen.

Am Telefon ist ein Mann:
»N'Abend! Mein Vater ist tot.«
»Oh, herzliches Beileid.«
»Watt kost' bei euch 'ne Beerdigung?«
»So in einer Zahl kann man das nicht sagen, das hängt im Wesentlichen davon ab, was Sie alles haben möchten. Es geht unter tausend Euro los; nach oben keine Grenze, und falls es finanziell eng werden sollte, das sage ich jetzt einfach mal gleich dazu, gibt es auch Mittel und Wege.«
»Aha, Mittel und Wege.«
»Ja.«
»Und wie sehen die aus?«
»Die Möglichkeiten, falls die Mittel nicht ausreichen?«
»Nee, die Särge.«
»Ach so, da haben wir alles da, was man sich vorstellen kann.«
»Also auch aus Holz?«
»Ja, sicher.«
»Und watt kost' datt?«
»So ein Sarg? Ach, das geht bei etwa zweihundert Euro los.«

»Nee, ich mein jezz allet zusammen.«

»Wie gesagt, das kommt drauf an.«

»Prima. Also so zweitausend Euro.«

»Das habe ich nicht gesagt.«

»Steht aber hier.«

»Wo?«

»Ökotest oder so.«

»Ökotest?«

»Ja, keine Ahnung, im Internet. Da steht hier von Leser ›Ungetüm‹, der schreibt: ›Bei mein Vatter sollte es achtzehnhundert Euro kosten, und als dann die Rechnung vom Bestatter kam, waren das dann fast zweitausend.‹«

»Wie ich Ihnen schon sagte, man kann das ohne weitere Informationen nicht sagen. Wir kommen gerne bei Ihnen vorbei, oder Sie kommen zu uns, und wir besprechen mal alles ganz unverbindlich. Dann können Sie ja immer noch entscheiden.«

Statt einer Antwort des Mannes raschelt und klackt es jetzt, es meldet sich stattdessen eine Frauenstimme:

»Na, hören Sie mal! Ich hör' mir das jetzt nicht länger an. So eine Unverschämtheit, wie Sie uns hinhalten. Sie werden uns doch sagen können, was eine Beerdigung kostet.«

»Natürlich kann ich Ihnen das sagen, sogar auf den Cent genau, wenn Sie mir sagen, was Sie alles haben möchten.«

»Ja, woher soll ich denn wissen, was man da alles braucht?«

»Deshalb empfehle ich Ihnen ja ein unverbindliches Beratungsgespräch.«

»Sie wissen also selbst nicht, was das kostet?«

»Doch …«

»Und warum sagen Sie es dann nicht? Haben Sie was zu verbergen?«

»Nein.«

»Also, was kostet es, wenn Sie jetzt kommen und den Vater beerdigen?«

»2871 Euro und 68 Cent, so viel kostet Paket 1 für Erdbestattungen, wenn Sie mehr wollen, wird's teurer, wenn Sie mit weniger auskommen, wird's billiger.«

»Sehen Sie, geht doch! Dann können Sie vorbeikommen und den Vater abholen. Bringen Sie aber Ihre Kataloge mit.«

EXAKTE ORTSANGABE

Und dann war da noch der Kunde, der sagte: »Meine Verwandten leben ja in der ganzen Welt verstreut, alle in Bayern, ein paar in der Nähe von Hamburg, die meisten aber in Brandenburg.«

Ein anderer wollte partout nicht wahrhaben, dass unsere Fahrzeuge mit Navigationssystemen ausgestattet sind. Er beharrte darauf, uns am Telefon den Weg zu seinem Haus ganz genau zu erklären. Aber offenbar hatte er sich ein völlig eigenes Wegesystem, ohne Einbeziehung von Straßennamen, zurechtgelegt.

»Passen Se auf, wenn rechts die Post kommt, dann sind Se verkehrt. Dann drehen Se um und fahren bis an den Tengelmann-Supermarkt. Am Tengelmann abbiegen, aber nicht da, wo die Tankstelle ist, sondern da mehr so in Richtung vom Zoogeschäft.

Dann dreihundert Meter, und passen Se auf die Litfaßsäule auf, da müssen Se dann abbiegen. Dann immer weiter geradeaus, und wenn Se dann 'ne Kirche sehen, dann sind Se zu weit gefahren.

Wir wohnen im gelben Haus, da sind mehrere gelbe,

aber bei uns wohnen noch Strunz und Bollermann mit im Haus.

Finden Se das?«

Aber sicher!

Dazu passt noch das folgende Gespräch:

»Kein Problem, wir kommen dann so etwa in einer halben Stunde zu Ihnen.«

»Hoffentlich finden Sie das auch, wir wohnen in der Klapperstraße 23, das ist etwas schwer zu finden.«

»Das schaffen wir schon, unsere Fahrzeuge haben Navigationsgeräte.«

»Das wird Ihnen nichts helfen, da sind wir nicht drin. Wir haben nämlich keinen Computer, kein Internet, nichts. Ohne uns. Da machen wir nicht mit.«

NÄCHTLICHER ANRUF

Telefon: klingelt

Bestatter: wacht auf

Telefon: klingelt

Bestatter: grunzt

Telefon: klingelt

Bestatter: meldet sich

Aus dem Telefon: Bestattungshaus?

Bestatter: Ja.

Aus dem Telefon: Ich glaub, Sie spinnen!

Bestatter: Nö.

Aus dem Telefon: Ich wollt'n Taxi rufen.

Bestatter: Dann machen Sie das doch.

Aus dem Telefon: Ha'm Sie sowas auch?

Bestatter: Wir fahren schon immer mal wieder Leute herum.

Aus dem Telefon: Auch zum Flughafen?

Bestatter: Ja, auch zum Flughafen.

Aus dem Telefon: Ist ja doll!

Bestatter: Wo sollen wir Sie denn abholen? Und seit wann sind Sie tot?

Aus dem Telefon: Tot? Hier is' doch niemand tot.

Bestatter: Wir fahren aber nur tote Leute.

Aus dem Telefon: Ach so.

Bestatter: Also?

Aus dem Telefon: Watt kost' datt denn?

Bestatter: Ist teuer.

Aus dem Telefon: Nee, dann ruf ich woanders an. Aber mal watt anderes …

Bestatter: Ja?

Aus dem Telefon: Wo ich Sie g'rade dranhab …

Bestatter: Ja?

Aus dem Telefon: Is so 'ne Beerdigung eigentlich teuer?

Bestatter: Schon.

Aus dem Telefon: Hab ich mir gedacht.

Bestatter: Okay …

Aus dem Telefon: Nee, warten Sie mal. Ham Sie auch Pizza?

Bestatter: legt auf

RICHTIGE NUMMER, FALSCH VERBUNDEN?

Ach ja, das leidige Thema Telefon! Seit es Telefone gibt, haben Bestatter auch welche. Gerade für Bestatter ist es ja unerlässlich, dass sie ständig erreichbar sind. Dass sie erreichbar sind, hat natürlich einerseits den Vorteil, dass sie ihren Kunden ihre

Dienste sozusagen rund um die Uhr anbieten können. Andererseits hat es den Nachteil, dass sie eben auch rund um die Uhr erreichbar sind.

Das bedeutete vor der Erfindung der Rufumleitung und des Mobiltelefons schlichtweg nichts anderes, als dass in jedem Bestatterhaushalt immer jemand zu Hause das Telefon bewachen musste.

Ob der Rest der Familie in Urlaub fuhr, in die Kirche ging oder ins Kino oder Theater, einer musste auf das Telefon aufpassen.

Aber nicht nur der mit dem Telefondienst hatte den Schwarzen Peter gezogen, sondern auch alle anderen. Mal eben einen Zug durch die Gemeinde machen, das war gar nicht möglich. Man musste immer demjenigen am Telefon Bescheid geben, wo man sich aufhielt, wo man wann genau wohin gehen wollte, damit der einen dann dort auch erreichen konnte, falls ein Auftrag einging.

Natürlich hatten die Bestatter als Erste Betriebsfunk, Piepser und was es da sonst noch so alles gab. Aber Fakt ist, das war alles sehr kompliziert, und die Bewegungsfreiheit und somit die Freizeitmöglichkeiten waren sehr stark eingeschränkt.

Unter Bestattern galt die Aussage: Wohl dem, der eine fußkranke Oma zu Hause hat, die am Telefon sitzt.

So gesehen ist das Handy wirklich eine überaus praktische Sache. Bestatter und ihre Fahrer können heute fast völlig normal ihre Freizeit gestalten, sie müssen nur bei Bereitschaft innerhalb eines gewissen Radius bleiben und dürfen natürlich keinen Alkohol trinken.

Das Wichtigste aber: Das Telefon in der Firma muss nicht mehr direkt vor Ort besetzt sein, die Anrufe können überallhin umgeleitet werden.

Aber wie ich schon sagte, das ist ein Segen, kann aber auch ein Fluch sein.

Das Mobiltelefon klingelt, ich erkenne an der Melodie, dass es ein umgeleitetes Firmengespräch ist, wahrscheinlich ein Kunde. Ich melde mich förmlich.

Der Anrufer: »Wer?«

Ich wiederhole den Firmennamen, meinen Namen und begrüße ihn abermals.

Der Anrufer: »Hier Schottersteig.«

Ich: »Guten Tag, Herr Schottersteig.«

Der Anrufer: »Haben Sie was mit drei?«

Ich: »Bitte?«

Der Anrufer: »Ob Sie was mit drei haben?«

Ich: »Ich weiß jetzt nicht genau, ob ich verstehe, was Sie meinen.«

Anrufer: »Na, das kann doch nicht so schwer zu verstehen sein. Ob Sie was mit drei haben?«

Ich: »Ja, was soll ich denn mit drei haben?«

Anrufer (seufzt): »Meine Güte, die Nummer!«

Ich: »Die Nummer?«

Anrufer: »Ja, Ihre Telefonnummer!«

Ich: »Ja, die hat eine Drei, um genau zu sein, sogar zwei und die auch noch direkt hintereinander.«

Anrufer: »Am Ende?«

Ich: »Nein, in der Mitte.«

Anrufer: »Hmmm, nicht am Ende?«

Ich: »Nein.«

Anrufer (stöhnt erst leicht): »Aaaah, wenn ich Ihnen jetzt eine Nummer sag, also eine Telefonnummer, können Sie mir dann sagen, ob das meine oder Ihre ist?«

Ich: »Sie wissen schon, dass Sie bei einem Bestatter angerufen haben, oder?«

Anrufer: »Meinen Sie, ich wär blöd? Natürlich weiß ich, dass ich bei einem Bestatter angerufen habe, ich will ja nur wissen, ob das mit der Drei Ihre oder meine Nummer ist.«

Ich: »Aber Sie werden doch Ihre Telefonnummer kennen ...«

Anrufer: »Natürlich kenne ich meine Telefonnummer. Ist Ihre Nummer die 79 12 63?«

Ich: »Nein.«

Anrufer: »Komisch, meine auch nicht.«

Er legt auf.

Da die Rufnummer des Mannes auf dem Display meines Telefons nicht zu sehen war, konnte ich ihn auch nicht zurückrufen, um auch noch den letzten winzigen Fetzen von dem aus ihm herauszukitzeln, was er von mir gewollt haben könnte.

War er am Ende gar Mitglied einer seltenen Religionsgemeinschaft, die ihre Toten nur von Bestattern beerdigen lässt, die am Ende ihrer Telefonnummer eine Drei haben?

Wir werden es vermutlich nie erfahren.

SO, JETZT ABER!

Ich: »Das kann ich Ihnen leider nicht beantworten. Rufen Sie am besten direkt beim Friedhof an.«

Die Anruferin, keine Kundin, einfach nur jemand, der mal was fragen will: »Beim Friedhof?«

»Ja, die können Ihnen da sofort Auskunft geben.«

»Haben die denn da Telefon?«

»Aber sicher doch. Ich gebe Ihnen mal die Nummer.«

»Ja, is' gut.«

Ich gebe die Nummer durch, Ziffer für Ziffer, wiederhole sie nochmals.

Die Anruferin: »Au prima, vielen Dank.« (legt auf)

Fünf Minuten später ... dieselbe Anruferin: »Hallo? Können Sie die Nummer nochmal sagen? Ich hab mir jetzt mal was zum Schreiben geholt.«

»Aber gerne doch ...«

DAS BAMMELKREUZ

»Sie, ich war gestern bei Ihnen auf 'ner Trauerfeier.«

»Ja?«

»Da habe ich mein Bammelkreuz verloren.«

»Ihr was?«

»Mein Bammelkreuz.«

»Entschuldigung, aber was bitte ist ein Bammelkreuz?«

»Das kleine Kreuz, das unten am Rosenkranz so herumbammelt.«

Dann werden wir mal suchen gehen.

NICHT JETZT

Und dann gibt es ja neben dem Telefon auch noch das Fax. Vor einiger Zeit rief ich bei einem älteren Ehepaar an. Am Telefon war der Herr des Hauses, sprich: die Ehefrau.

»Ah, Sie sind das. Sie können jetzt nicht anrufen, wir warten auf ein Fax.«

»Oh, das konnte ich nicht wissen, ich habe nur eine Kleinigkeit, nur eine Frage ...«

»Das geht jetzt nicht. Wir warten auf ein Fax von unserer Tochter in Amerika.«

»Ich hab ja auch nur eine Frage, außerdem ist es in Amerika jetzt mitten in der Nacht.«

»Max! – Mahax! – Mahaaaax, hörst du denn nicht? – Mahaaaxxx, jetzt tu das verdammte Hörgerät rein, der Mann von der Bestattung ist am Apparat und sagt, dass in Amerika jetzt Nacht ist.«

Aus dem Hintergrund: »Jetzt sitz ich schon drei Stunden hier und kann jetzt noch hier sitzen bleiben bis in Amerika wieder Tag ist.«

Sie zu mir: »Wie gesagt, wir warten auf ein Fax …« (legt auf).

MAN STIRBT NUR ZWEIMAL

Eine Frau ruft an. Gerade eben ist ihr Mann verstorben, und das macht sie etwas kopflos.

»Können Sie dann bitte kommen und meinen Mann sofort abholen?«

»Unsere Leute werden in etwa fünfundvierzig Minuten bei Ihnen sein.«

»Ich rufe ja bei Ihnen an, weil wir das letzte Mal schon so zufrieden waren. Das ist ja jetzt schon das zweite Mal, dass mein Mann stirbt.«

DER MIT DEM HUT RUFT AN

Das Schönste am Schreiben sind die Dialoge, egal, ob es sich um Gespräche am Telefon oder im direkten Kundenkontakt handelt. Gesprochene Sätze haben ihre eigene Melodie, und im Dialog ergibt sich so manche gewollte oder unfreiwillige Komik.

Man müsste etliche Seiten vollschreiben, wollte man diese Dialoge in Erzählform wiedergeben. Deshalb ist es besser, man lässt sie einfach auf sich wirken.

Da ruft also ein älterer Herr beim Bestatter an.

»Sind Sie die Bestattung?«

»Ja, das Bestattungshaus.«

»Dann is' gut. Ich wollt' nämlich nur Bescheid sagen.« Legt auf.

Bis heute überlegen wir, was der Mann uns wohl damit hat sagen wollen. Beliebteste Theorie: Irgendwann hat der schon mal angerufen und gefragt, was er denn machen müsse, wenn seine Frau stirbt. Möglicherweise haben wir ihm gesagt, er solle dann einfach Bescheid geben und wir kümmern uns dann um den Rest.

Gut, er hat ja vermutlich genau das gemacht, was wir ihm gesagt haben …

Ein anderer Herr ruft einige Tage später in einer ganz anderen Sache an:

»Wir hatten neulich diese Beerdigung bei Ihnen, wissen Sie da Bescheid?«

»Um welche Beerdigung handelt es sich denn, nennen Sie mir doch freundlicherweise mal den Namen des Verstorbenen.«

»Franz.«

»Nicht den Vornamen bitte, wir benötigen den Nachnamen.«

»Franz, Martha Franz.«

»Gut, einen kleinen Moment bitte, ich schau' grad mal. … Hm, den Namen Franz habe ich nicht im Rechner, um was geht es denn genau?«

»Ich will jetzt die andere Tante, also die Tante Rosel, auch beerdigen lassen, die ist heute Nacht gestorben. Da dachte ich, ich nehm Sie, weil Sie ja letztens auch die Tante Martha hatten. Das haben Sie gut gemacht. Sie müssen sich doch an mich erinnern, ich bin der mit dem Hut.«

»Der mit dem Hut? Aha. – Wann war das denn mit Ihrer Tante Martha?«

»Ach Gottchen, lassen Sie mich mal überlegen … wir sind 1999 von der Ruprecht-Eser-Straße in die Klaus-Kleber-Straße gezogen, und die Tante ist 2000 ins Heiner-Bremer-Heim gekommen. Also danach irgendwann war das, ich glaub noch im selben Jahr, müsste also 2000 gewesen sein.«

»Moment, dann schau ich mal bei den älteren Fällen, das war ja dann nicht neulich, das ist ja schon etliche Jahre her.«

»Für uns nicht, wir denken jeden Tag an die.«

»Sicher – Moment mal bitte – ah ja, da ist sie ja, Martha Franz, beerdigt 1997.«

»Ach, gucken Sie mal an, ist das schon so lange her? Dann war sie aber auch noch nicht im Heim, sondern hat noch in der Köpcke-Siedlung gewohnt. Ja, kann auch sein.«

»Na, jedenfalls haben wir sie jetzt gefunden. Die Daten habe ich jetzt, am besten wird es sein, wenn Sie kurzfristig zu uns kommen könnten, wir können aber auch zu Ihnen kommen.«

»Nee, nee, ich komm vorbei, demnächst mal.«

»Wenn Sie jetzt aktuell einen Sterbefall haben, sollten Sie baldmöglichst kommen.«

»Ach ja, da haben Sie vermutlich recht, die Tante Rosel wird ja auch nicht frischer.«

ERST DIE SPORTSCHAU

»Tach, hier Meier, könn Se uns ma' dem Oppa abholen?«
   »Wie bitte?«
   »Ja, der wär gezz ma' tot. Muss sofort sein, is eilich.«
   »Wir sollen bei Ihnen einen Verstorbenen abholen?«
   »Nee, nich hier, sondern da.«
   »Wo denn?«
   »Im evangelischen Krankenhaus.«
   »Da wäre es erforderlich, dass wir uns vorher mal zusammensetzen.«
   »Wie? Gezz an Sonntach?«
   »Ja, wäre schon besser.«
   »Nee, gezz is Formel 1, und nachher kommt Sportschau. Wissen Se watt, holen Se den morgen, dann kann meine Frau morgen früh bei Ihnen ersma vorbeikommen. Is vielleicht doch nich ganz so eilig.«

NOCH EILIGER

Gut, der Herr in der vorherigen Geschichte hatte es erst ganz eilig und dann auf einmal doch nicht mehr *so* eilig. Die Sportschau war ihm wichtiger. Aber manchmal gibt es schon wichtige Gründe, warum man gerne hätte, dass der Bestatter einen Verstorbenen möglichst rasch abholt.

»Kommen Sie schnell, kommen Sie schnell, unser Vater ist gestorben.«
   Wir fragen, ob der Arzt schon da war, notieren die Adresse und sagen, dass es eine gute halbe Stunde dauert.
   »Geht das nicht schneller?«

»Wir müssen ja quer durch die ganze Stadt.«

»Aber wir sind fürchterlich in Eile.«

Ich will die Frau gerade beruhigen, ihr erklären, dass von dem Verstorbenen keine unmittelbare Gefahr ausgeht, doch sie schneidet mir das Wort ab: »Das weiß ich alles. Es ist nur so, dass wir mitten im Umzug sind, und um vierzehn Uhr ist Schlüsselübergabe an den Nachmieter, da wäre es gut, wenn der Vater da schon aus der Wohnung raus wäre.«

HEISSE SACHE

Nun, es wäre wirklich ein starkes Stück, wenn einem der Vormieter einer neuen Wohnung die Leiche seines Vaters oder Opas dalassen würde. Manchmal ist also doch wirklich Eile geboten. Meistens ist das aber eben nicht der Fall. So auch hier.

»Wann holen Sie denn dann meinen Vater aus dem Krankenhaus ab?«

»Morgen Vormittag.«

»Nicht jetzt sofort?«

»Nein, wahrscheinlich hat der Arzt im Krankenhaus die Papiere noch nicht fertig. Morgen ist genau richtig.«

»Stimmt, Sie haben recht, mein Vater ist ja schließlich noch warm. Wird ja nichts so heiß gegessen, wie es gekocht wird. Man soll nichts überstürzen.«

ICH HÄTTE DA MAL EINE FRAGE

»Ich wollte mich nur mal was erkundigen«, sagt die Dame am Telefon, und ich sage:

»Ja, und was möchten Sie denn gerne wissen?«

»Wir wohnen nämlich ziemlich außerhalb.«

»Ja?«

»Weil es meinem Vater doch so schlecht geht.«

»Ja?«

»Und ob Sie da kommen täten.«

»Wenn es dann mal so weit ist, kommen wir.«

»Genau deshalb hätt' ich da mal eine Frage.«

»Bitte.«

»Das ist nämlich ein weiter Weg zu uns raus, müssen Sie wissen.«

»Ja.«

»Da wär ich nämlich ganz gerne auf der sicheren Seite.«

»Also, wenn jemand verstorben ist und Sie uns anrufen, dann kommen wir auch.«

»Man muss sich ja rechtzeitig erkundigen, newahr?«

»Da haben Sie recht.«

»Desderwegen will ich das mal genau von Ihnen wissen.«

»Ja, was denn?«

»Wegen der Straße.«

»Was ist denn mit der Straße?«

»Wegen dem Zustand.«

»Ist die Straße so schlecht, dass Sie Angst haben, ob wir durchkommen, oder was?«

»Nee, die ist ganz neu gemacht worden.«

»Ja, und?«

»Weil's doch kälter wird.«

»Jaha!«

»Deshalb soll ich Sie mal fragen, hat mein Mann gesagt.«

»Und was, bitteschön, möchten Sie ganz genau wissen?«

»Ob Sie Winterreifen draufhaben.«

»Haben wir.«

»Ist ja nicht mehr lang bis Weihnachten.«

»Da haben Sie auch wieder recht, und tatsächlich kann es jederzeit zu Schneefall kommen.«

»Der stirbt nämlich immer Weihnachten.«

»Wer?«

»Na, mein Vater!«

»Wie bitte?«

»Ja, der ist letztes Jahr auch an Heiligabend gestorben, da hat er sich aber wieder bekrabbelt.«

»Aha.«

»Aber wenn Sie Winterreifen haben, dann bin ich beruhigt.«

»Also, wie gesagt, wir haben Winterreifen, und bis jetzt sind wir immer noch überall hingekommen.«

»Sie kommen auch an Weihnachten, newahr?«

»Ja, selbstverständlich.«

»Das ist ein Theater mit dem, vor zwei Jahren hat er's an Ostern mit der Lunge gekriegt und das ist ja so ähnlich wie Weihnachten.«

»Sicher.«

»Aber jetzt wird's ihn erwischen, hat der Arzt auch gesagt.«

»Also, wie ich schon sagte. Wenn es so weit ist, rufen Sie einfach an.«

»Ach, jetzt geht's mir schon viel besser.«

»Wiederhören.«

»Wiederhören.«

ICH GUCK MAL EBEN

Nur in seltenen Fällen holt der Bestatter einen Verstorbenen mit dem Sarg ab. Die modernen Treppenhäuser lassen das oft gar nicht zu. Viel praktischer ist da die Leichentrage: eine Trage, nicht ganz unähnlich denen, die auch im Krankentransport verwendet werden.

Aber wenn die Angehörigen darauf bestehen, kommt der Bestatter natürlich auch mit dem Sarg.

21 Uhr, das Telefon klingelt.

»Möckler, Tach!«

»Guten Abend.«

»Sagen'se mal, wenn so einer stirbt, kommen Se dann auch nachts?«

»Selbstverständlich …«

»Also, Sie kommen dann und holen den Toten?«

»Ja, sicher …«

»Mittem Sarch?«

»Normalerweise mit einer Trage, aber wenn Sie eine Überführung mit Sarg wünschen, geht das auch.«

»Ja, sicher, mittem Sarch!«

»Kein Problem, wer ist denn verstorben?«

»Verstorben? Hier? Noch gar keiner! Die ist aber bald so weit. Is' die Schwiechermutter, liecht ganz schlecht.«

»Vielleicht rufen Sie am besten nochmals an, wenn es so weit ist.«

»Dann isses zu spät!«

»Zu spät wofür?«

»Für datt mittem Sarch!«

»Wie bitte?«

»Ja, ich will, dat Se mittem Sarch kommen und mal kucken, ob der Sarch auch durch et Treppenhaus passt.«

»Ist Ihr Treppenhaus denn besonders eng?«

»Nee, datt nich, aber da steht'en Aquarium auf'em Treppenabsatz, also so im Treppenhaus, und Blumen.«

»Also, wir brächten dann einen Sarg und eine Trage mit

und können dann ja vor Ort entscheiden, was am besten geht.«

»Datt is 'ne gute Idee. Ich geh' jetzt mal kucken, bleiben Se mal dran, vielleicht isse schon tot.«

»Dann müssten Sie sowieso erst noch den Arzt rufen.«

»Arzt? Wieso datt denn? Die is' dann doch tot und nich krank, oder?«

»Der Arzt muss den Tod feststellen.«

»Kann ich selber, brauch ich kein Arzt für, kost' bloß Geld.«

»Muss aber sein …«

»Ja, ja, so sind'se, auch im Tod noch abkassieren, die Dokters!«

»Also …«

»Nee, nix also … Ich geh' jetzt mal kucken, ob'se tot is …«

War se aber noch nich.

Wir haben dann einen Tag später ganz normal mit der Trage überführt.

HABEN SIE AUF?

Wie ich schon berichtete: Bestatter haben immer Dienst, rund um die Uhr, das ganze Jahr, an Sonn- und Feiertagen und natürlich auch am Wochenende. Heutzutage ist das kein Problem mehr, seitdem man jedes Telefonat aufs Mobiltelefon umleiten lassen kann. So ist man immer dienstbereit und kann die Gespräche entgegennehmen, egal, wo man gerade ist.

Aber dauernd dienstbereit zu sein, das bedeutet nicht gleichzeitig, dass man auch ständig im Büro anwesend ist. Man hat es ja nicht nur mit Leuten zu tun, die einen neuen

Sterbefall melden möchten, sondern auch mit denen, die wegen nicht so aktueller und eiliger Dinge vorsprechen wollen oder die einfach nur zum Quatschen kommen.

Da ruft also ein Kunde an und will wissen:

»Sagen Sie mal, haben Sie samstags auch auf?«

»Nein, am Samstag sind keine normalen Bürostunden, aber wenn was anliegt, ist immer jemand erreichbar.«

»Also haben Sie zu?«

»Ja.«

»Nicht auf?«

»Nein.«

»Zu?«

»Jahaa.«

»Meine Güte, man wird ja wohl mal fragen dürfen.«

»Aber sicher doch.«

»Machen Sie sich gerade über mich lustig?«

»Nein.«

»Dann ist ja gut.«

»Ja.«

»Was?«

»Ich sagte ›Ja‹.«

»Warum?«

»Nur so.«

»Aha.«

»Genau.«

»Sie verwirren mich! Ich wollte doch nur wissen, ob Sie auf haben, und jetzt bin ich verwirrt.«

»Das tut mir leid, das lag nicht in meiner Absicht.«

»Offen oder zu?«

»Zu.«

»Aha.«

WEIHNACHTEN

Zum vorherigen Anruf passt auch prima der folgende. Da möchte jemand etwas über die Öffnungszeiten an Weihnachten wissen.

»Wenn mein Vater jetzt aber ausgerechnet an Heiligabend stirbt, kommen Sie dann auch?«

»Ja, wir haben eine Rund-um-die-Uhr-Bereitschaft.«

»Ja, jetzt nicht so wegen der Uhrzeit, ich mein', der liegt jetzt schon so lange krank rum, da kommt's ja dann auf ein oder zwei Stunden nicht an. Ich mein' jetzt wegen Weihnachten.«

»Wir kommen natürlich auch an Weihnachten, an Ostern, an Silvester, egal, wir kommen immer.«

»Auch am ersten Feiertag?«

»Auch dann.«

»Und am zweiten?«

»Auch.«

»Und so zwischen den Jahren, wie sieht's da aus?«

»Kommen'wer auch.«

»Neujahr?«

»Hm, ja.«

»Heilige Drei Könige?«

»Auch.«

»Alle Feiertage?«

»Alle.«

»Nee, echt jetzt?«

»Jau.«

»Praktisch.«

»Dafür sind wir da.«

»Jetzt mal 'ne andere Frage.«

»Ja?«

»Wenn jetzt kein Feiertag ist, dann kommen Sie aber auch, oder?«

»Sicher.«

»Ja, jetzt auch nachts und so?«

»Immer. Rund um die Uhr, dreihundertfünfundsechzig Tage im Jahr.«

»Wirklich?«

»Ja, sicher.«

»Na, dann ist ja gut.«

»Wiederhören.«

»Nee, Moment mal. Ich habe noch eine Frage.«

»Ja, bitte?«

»Ist jetzt was Persönliches. Kann ich Sie trotzdem mal fragen?«

»Ja.«

»Wann schlafen Sie dann eigentlich?«

»Den Rest der Zeit.«

»Wann soll das denn sein?«

»So nachts zum Beispiel.«

»Ach Gott, und da halte ich Sie jetzt nachts um drei vom Schlafen ab. Tschuldigung. Schlafen Se jetzt mal 'ne Runde und nix für ungut!«

BUNTE STAUBSAUGER

Es gibt immer mal wieder Familienangehörige, die nicht gerne möchten, dass jeder in der Nachbarschaft etwas davon erfährt, wenn jemand gestorben ist. Oftmals liegt der Grund darin, dass sie voreilige, gehäufte Kondolenzbesuche und Beileidsbekundungen oder neugierige Anrufe scheuen. Ein Kunde hatte wohl solche Befürchtungen.

»Ich bin's nochmal, ich hatte doch angerufen wegen unserem Vatter. Sie erinnern sich? Der war doch heute Nacht gestorben. Wenn Se nachher kommen, um den abzuholen, muss datt mittem Leichenwagen sein? Der Pastor ist schon ganz in Schwarz gekommen, obwohl ich gefragt hatte, ob der nich ma watt Buntes anziehen kann. Muss doch nich jeder wissen, datt da einer gestorben is, odda?«

»Wir können mit einem ganz normalen Kombi-Bestattungswagen kommen oder mit einem ganz neutralen Bestattungs-Lieferwagen.«

»Lieferwagen? Nee, Sie sollen mir ja keinen Toten liefern, Sie sollen einen abholen. Ham Se nich sowatt auch?«

»Klar, bei Ihnen abholen und bei uns einliefern, so herum.«

»Ach nee, stimmt ja. Aber jetzt nich in Schwarz oder dunkel. Am besten watt Neutrales so vom Staubsaugerdienst.«

»Dunkelgrün.«

»Ja, jetzt mehr so'n Flaschengrün oder so'n verkacktes Polizeigrün? Wissen Se, gegen die Kanzlerknechte hab ich nämlich watt.«

»Sehr dunkles Grün, ganz dunkel.«

»Hm, 'n bisschen farbenfroher dürfte es schon sein. Wissen Se, is wegen der Nachbarn, soll nich jeder gleich mitbekommen, datt hier einer gestorben is. Also, geht et ein bisschen farbenfroher?«

»Wir können ja ein bisschen die Blinker anmachen, die wären dann in Orange.«

»Datt is 'ne gute Idee, so machen wir datt!«

Ein schwerer Fall von Inzucht

Damit beim Standesamt ein Sterbefall beurkundet werden kann, benötigt der Bestatter eine Personenstandsurkunde, aus der hervorgeht, ob der Verstorbene verheiratet, ledig, geschieden oder verwitwet war. Heute haben die Menschen oft eine Loseblattsammlung aller möglichen Dokumente; früher gab es da das Familien- oder Stammbuch, in dem alle diese Daten eingetragen oder eingeheftet waren. Praktisch und sinnvoll ist das allemal. Ich habe weiter oben schon einiges dazu geschrieben.

So sage ich zu den Leuten, die einen Sterbefall anmelden wollen, am Telefon immer:

»Und bringen Sie bitte das Stammbuch oder die Heiratsurkunde Ihrer Eltern mit.«

»Das Stammbuch?«

»Ja.«

»Haben wir, weiß ich genau. Bringen wir mit.«

»Gut.«

»Wenn wir dann vorbeikommen, sollen wir dann das Stammbuch mitbringen?«

»Ja, bringen Sie es einfach mit.«

»Das brauchen Sie, oder?«

»Ja.«

»Haben wir, ist kein Problem.«

»Dann ist ja gut.«

»Da steht die Hochzeit von meinen Eltern drin.«

»Ja, genau.«

»Weil – meine Eltern waren Geschwister.«

»Wie bitte?«

»Ja, beide.«

»Ihre Eltern waren Geschwister?«

»Ja, sicher.«

»Bruder und Schwester?«

»Nein.«

»Was? Wie bitte?«

»Nee, nur Brüder.«

»Ihre Eltern waren Brüder?«

»Nee, der Vatter hatte zwei Brüder und die Mutter einen.«

»Ah so! Ihre Eltern waren also nicht miteinander verwandt.«

»Doch!«

»Ja, aber ...«

»Die waren Eheleute.«

»Ja, aber Eheleute sind nicht miteinander verwandt.«

»Also, die schon. Ich bin ja der Sohn von mein Vatter, und der ist der Mann von meiner Mutter.«

»Deshalb sind Ihre Eltern aber nicht miteinander verwandt.«

»Ehrlich nicht?«

»Ja, ist so.«

»Hören Se mal. Brauchen wir datt Stammbuch von den Brüdern?«

»Von den Brüdern Ihres Vaters? Nein!«

»Datt is aber doof. Der eine hat datt nämlich.«

»Was?«

»Das Stammbuch von meinen Eltern.«

»Wieso das denn?«

»Is halt so, einer macht so Ahnenforschung und hatte sich mal alle Unterlagen ausgeliehen.«

»Aha.«

»Aber wissen Sie was, ich ruf die jetzt mal alle an und frag nach dem Buch. Muss die ja sowieso anrufen, die wissen ja noch gar nicht, dass mein Vater tot ist.«

»Machen Sie das.«

»Jau, tschüskes.«

»Bis später.«

HERR SCHÖFFLER RUFT WEGEN MITTWOCH AN

Ich weiß bis heute nicht, was Herr Schöffler von mir wollte, aber so viel ist klar: er hatte mir etwas Wichtiges wegen Mittwoch mitzuteilen.

»Tach, Schöffler hier!«

»Guten Tag, Herr Schöffler.«

»Ach, Sie haben mich gleich wiedererkannt, prima …«

»Nicht so ganz, um was geht es bitte?«

»Schöffler, mein Name ist Schöffler!«

»Ja, schon gut, das macht ja nichts, aber was kann ich für Sie tun?«

»Moment mal, Sie haben mich doch mit meinem Namen am Telefon begrüßt, also haben Sie mich doch wiedererkannt.«

»Nein, Sie meldeten sich mit Ihrem Namen, und aus Höflichkeit habe ich mir den kurzfristig gemerkt und dann wiederholt.«

»Ja, also hier ist Schöffler.«

»Ja?«

»Schöffler!«

»Ja, toll.«

»Klingelt es da nicht bei Ihnen?«

»Moment, ich hör mal hin – nee, da klingelt es nicht.«

»Sagen Sie mal, wollen Sie mich verarschen?«

»Nichts würde mir näherliegen, bitte glauben Sie mir das! Aber was bitte kann ich denn nun für Sie tun?«

»Ich sagte Ihnen doch schon, dass ich der Herr Schöffler bin.«

»Ja, den Teil unseres Gespräches habe ich ja auch begriffen, jetzt müssen Sie mir nur noch sagen, was Sie von mir wollen.«

»Der Name sagt Ihnen gar nichts?«

»Nicht wirklich.«

»Was heißt das denn? Sagt er Ihnen nun etwas oder nicht?«

»Wenn Sie so fragen, dann muss ich Ihnen sagen, dass ich eine Tante in Oer-Erkenschwick hatte, die mit einem gewissen Schöffler in zweiter Ehe verheiratet war. Der ist aber schon lange tot, deshalb können Sie dieser Schöffler nicht sein.«

»Was interessieren mich denn Ihre Tanten?«

»Sie fragten danach.«

»Also schön, haben Sie nun einen Moment Zeit für mich?«

»Sicher, schon die ganze Zeit.«

»Sie wissen also, um was es geht?«

»Nö.«

»Ich bin doch der Herr Schöffffler!«

»Womit wir wieder beim Anfang unseres Gespräches wären. Ich meine, Sie können mir jetzt noch mehrere hundert Mal Ihren Namen sagen, es wird nichts an der Tatsache ändern, dass Sie mir eventuell auch noch sagen müssten, was Sie von mir wollen.«

»Wegen Mittwoch.«

»Puh, da sind wir jetzt aber schon ein gehöriges Stück weiter. Was ist denn am Mittwoch?«

»Falsch! Ganz falsch!«

»Falsch?«

»Ja, es ist nicht am Mittwoch, sondern es war am Mittwoch.«

»Ach ja, toll.«

»Wissen Sie jetzt, wer ich bin?«

»Bevor *Sie* es wieder sagen: der Herr Schöffler!«

»Richtig, ganz richtig, und das war am Mittwoch.«

»Okay, dann weiß ich Bescheid.«

»Das war ja mal 'ne schwere Geburt! Sind Sie eigentlich immer so schwer von Begriff?«

»Och, wenn Sie wüssten!«

»Hm, Sie haben es auch nicht immer leicht, oder?«

»Nö.«

»Ja, ja, wem sagen Sie das! Wiederhören.«

»Wiederhören.«

FRIEDRICH, DER ORNITHOLOGISCHE

Auch nach vielen Jahren können die Angehörigen über uns noch die Grablagen ihrer Verwandten erfragen. Genau aus diesem Grund ruft jemand an.

»Sagen Sie mal, Sie habe doch meinen Onkel beerdigt, ich würd' jetzt gern mol wisse, wie lang dass das Grab da noch so läuft.«

»Wie ist denn der Name des Verstorbenen?«

»Fritz Meier, Fritz wie Friedrich und Meier: Großes M und kleine Eier! Hehehe, hohoho, hahaha.«

»Friedrich Meier habe ich drei im Computer, haben Sie vielleicht das Geburtsdatum?«

»21. Mai 1939«

»Tut mir leid, ich habe keinen Fritz Meier mit dem Geburtsjahr 1939.«

»1939 ist ja auch mein Geburtsjahr. *Ich* bin am 21. Mai 1939 geboren.«

»Aha, und Ihr Onkel?«

»Wees isch net.«

»Hmm, haben Sie vielleicht die Grablage?«

»Awwa sischa doch!«

»Und würden Sie mir die auch sagen?«

»Hajo, Moment ämohl, Sekündsche ..., also der liescht ... direkt newer der Tante.«

»Das meinte ich eigentlich nicht mit Grablage, aber vielleicht kommen wir mit der Tante weiter, wie hieß die denn?«

»Auch Meier!«

»Dacht' ich mir. Und mit Vornamen?«

»Hedwig oder Hannelore, is' die Tante vunn meiner Frau.«

»Haben Sie nicht vielleicht doch die Grablage? Wir schreiben die auf alle Schreiben und Rechnungen mit drauf. Das heißt dann zum Beispiel ›Feld 33, Abteilung AF, Grab 21‹.«

»Ach so, warum sagen Sie des denn net gleisch? Mooomentsche, Sekündsche, kann sich nur noch um Tage handeln, hehehe, hohoho, hahaha ... So, jetzat, do heb isch was: ›Feld 12, Abteilung Eff-Eff, Grab 16‹.«

»Augenblick, ich tippe das mal ein ... Feld 12, Abt. Friedrich-Friedrich, Grab 16 ... Sind Sie sicher, dass das stimmt? Laut Computer liegt da nämlich ganz jemand anders.«

»Zwölf, Eff-Eff, 16.«

»Ich hab jetzt nochmals geschaut, das ist das Urnengrab von jemand anders, stimmt denn das, was Sie mir sagen?«

»Zwölf, Eff-Eff, 16, steht so uff Ihrem Schreibe oben rechts.«

»Genau, das steht immer oben rechts in so einem kleinen grauen Kasten.«

»Sach isch doch. 12, Eff-Eff, 16.«

»Also Feld ein-zwo, Abteilung Friedrich-Friedrich, Grab eins-sechs?«

»Sag isch doch schunn die gonze Zeit *zwelfe, Eff Eff, sech-zähne!*«

»Wie gesagt, ich finde da nichts Passendes, ich wiederhole nochmals vorsichtshalber: zwölf, Friedrich-Friedrich, sech-zehn.«

»Genau, awwa mit Vogel-Effs, des sinn zwee Vogel-Effs!«

Dialoge –
zum Sterben schön

Abgesehen von Telefongesprächen gibt es immer wieder auch mehr oder weniger abstruse Dialoge und Begebenheiten mit und unter Kunden. Und die Menschen, mit denen wir zusammenarbeiten, sind natürlich auch immer für eine Geschichte gut.

Einige davon habe ich im Folgenden zusammengestellt.

Ich geh da doch nicht dran!

Ein paarmal habe ich ja schon davon berichtet, dass wir im Zusammenhang mit der Abwicklung eines Sterbefalls auch die Ab- und Ummeldungen vornehmen. Ganz selbstverständlich gehören die Meldungen an die Krankenkasse, Pflegeversicherung und Rentenstelle dazu. Außerdem beantragen wir für die Angehörigen eventuelle Lebensversicherungen und bieten an, Vereinsmitgliedschaften, Clubzugehörigkeiten usw. zu kündigen oder – je nach Wunsch – auf die Witwe umzumelden.

Im günstigsten Fall bringt uns der Hinterbliebene einen sorgfältig geführten Ordner mit allen notwendigen Dokumenten, manchmal hat der Verstorbene auch eine Liste mit entsprechenden Hinweisen hinterlassen, aber in den meisten Fällen ist es doch eher eine Schublade aus dem Wohnzimmerschrank oder ein Pappkarton voller ungeordneter Unterlagen, die uns da gebracht wird.

Wir wühlen uns dann geduldig da durch, erfassen alle Mitgliedschaften und Verträge und besprechen mit der Familie, was behalten und was abgemeldet werden soll.

Seit ein, zwei Jahren gehören da verstärkt auch Handy-Verträge dazu. Wir können ein Lied davon singen, wie schwer sich manche Netzbetreiber und Mobilfunkanbieter damit tun, ihre Kunden – wiewohl verstorben – aus den Verträgen zu entlassen. Oft stellt man sich, trotz zugesandter Sterbeurkunde, einfach taub und versucht, noch zwei, drei Rechnungen mit Grundgebühren einzufordern. Manchmal geht es aber auch darum, dass der Verstorbene vor nicht allzu langer Zeit ein neues kostenloses Handy bekommen hat und sich verpflichtet hatte, zwei Jahre lang weiterhin Kunde bei diesem Anbieter zu bleiben.

Nu isser aber tot und kann aus durchaus nachvollziehbaren Gründen seinen allfälligen Gesprächsverpflichtungen in Form von etwaigen Mindestumsätzen nicht mehr nachkommen. Das sehen manche Anbieter durchaus ein, verzichten auf alle weiteren Ansprüche und beenden den Vertrag. Andere allerdings möchten dann gerne von den Hinterbliebenen zumindest eine anteilige Kaufpreisentschädigung für das Handy. Das bedeutet im Klartext, dass man sagt, der Kunde habe das an sich vierhundert Euro teure Handy gratis bekommen, könne die Monatsgebühren ja nun nicht mehr entrichten, also müsse man noch zweihundert Euro Abstandssumme zahlen.

Es ist oft sehr viel Hartnäckigkeit vonnöten, um da das gewünschte Ergebnis zu erzielen.

Im Falle des verstorbenen Metzgermeisters Franz Grobschlacht lief es etwas anders. Da wollte die Witwe Grobschlacht zuerst, dass wir den Vertrag kündigen, sie selbst brauche gar kein Handy. Dann kam aber der Sohn und holte Handy samt SIM-Karte ab; das habe er mit seiner Mutter so besprochen.

Ich hatte diesen Vorgang schon längst wieder vergessen, da kommt – Wochen später – die Witwe Grobschlacht zu mir, um wegen der Grabpflege etwas zu besprechen. Das Gespräch geht recht zügig vonstatten, und wir sind schnell durch. Doch obwohl eigentlich alles besprochen ist, bleibt sie sitzen und druckst herum. Ich merke, dass da noch was ist und erkundige mich.

Sie schaut mich an, zückt ein Stofftaschentuch aus ihrer Handtasche, putzt sich etwas umständlich das frisch gepuderte Näschen und sagt:

»Sie dürfen mich aber nicht für verrückt halten.«

»Wieso sollte ich das?«

»Nun, es ist so, wenn ich das jemandem erzähle, dann erklärt man mich sofort für verrückt.«

»Was haben Sie denn auf dem Herzen?«

»Ich kann ja noch nicht einmal mit meinem Sohn darüber sprechen, der ist ja ständig beruflich unterwegs und ruft mich sonst einmal pro Woche an. Aber jetzt hat er wohl viel zu tun und meldet sich einfach nicht.«

»Was ist denn das Problem?«

»Es ruft bei mir an!«

»Wer oder was ruft bei Ihnen an?«

»Mein Telefon klingelt, und ich sehe in diesem Anzeigefenster am Telefon, dass mein Mann dran ist.«

»Wie bitte? Ihr Mann ist doch tot.«

»Guter Mann, das weiß ich auch, oder meinen Sie, ich sei senil?

Aber im Display steht ›Franz‹.«

»Ja und wenn Sie rangehen, wer spricht dann da?«

»Ich geh da doch nicht dran!«

»Aber anders können Sie doch nicht herausfinden, wer da anruft.«

»Ich weiß doch, wer da anruft, es steht doch da: ›Franz‹.«

»Wir sind uns doch aber darüber einig, dass Ihr verstorbener Mann nicht bei Ihnen anrufen kann.«

»Einerseits weiß ich das, aber andererseits steht da eindeutig ›Franz‹ am Telefon.«

In diesem Moment kommt mir die Erleuchtung: »Wann ist denn früher diese Anzeige ›Franz‹ am Telefon angegangen?«

»In dem Fenster stehen immer die Namen der Anrufer, das hat mein Mann alles noch einprogrammiert. Ja und ›Franz‹ stand da immer, wenn er mit seinem Handy angerufen hat.«

»Dann weiß ich, wer da anruft.«

»Ehrlich?«

»Ja, Ihr Sohn! Der hat nämlich das Handy Ihres Mannes übernommen.«

Frau Grobschlacht schaut mich mit großen Augen an, putzt sich nochmals die Nase und sagt:

»Aber warum steht dann da nicht Dieter, sondern Franz?«

Es dauerte eine Weile, bis ich es ihr erklärt hatte, und ich bin mir nicht sicher, ob sie mich richtig verstanden hat, aber immerhin hat sie mir versprochen, beim nächsten Anruf des »Franz« an den Apparat zu gehen. Ich denke, ihr Sohn wird sich freuen …

iPhone

Kunde: »Ach, Sie haben ein iPhone? Gutes Teil, hat mein Schwager auch.«

Ich: »Bin auch sehr zufrieden damit.«

Kunde: »Is' teuer, ne?«

Ich: »Geht so.«

Kunde: »Doof finde ich ja nur, dass man damit nicht telefonieren kann.«

Ich: »Doch, kann man.« Ich zeige es ihm.

Kunde: »Bei meinem Schwager geht das nicht. Das sieht auch ein bisschen anders aus. Schmaler, mehr Knöpfe.«

Ich: »Ist vielleicht gar kein iPhone.«

Kunde: »Kann sein, der hat ja sowieso keine Ahnung, der sagt MP3-Player dazu.«

RATGEBER

Einmal saß mir ein Vertreter gegenüber und sagte:

»Ja, wollen Sie denn nicht mehr Umsatz machen?«

»Doch, schon …«

»Dann müssen Sie doch von unseren Marketingkonzepten begeistert sein.«

»Ist ja auch alles toll, wenngleich ich nicht von ›Marketingkonzepten‹ sprechen würde. Sie verkaufen Anzeigen.«

»Anzeigen? Nun, das sind mehr so Werbefelder.«

»Meine ich doch.«

»Und da wäre es doch einfach toll, wenn Sie da auch mit einer schönen großen Anzeige dabei wären.«

»Ha! Jetzt haben Sie es selbst gesagt!«

»Was?«

»Anzeige!«

»Ja, aber nur so. Na, wie sieht es aus? Darf ich Ihnen hier oben rechts an prominenter Stelle eine Anzeige reservieren? Die käme dann auf lediglich vierhundertachtundneunzig Euro.«

»Sie wissen schon, in was für einer Art von Unternehmen Sie hier sind, oder?«

»Ja, sicher.«

»Und Sie meinen wirklich, dass wir als Bestattungsinstitut mit einer Reklame auf einem Hochzeitsratgeber mit dem Titel ›Start ins Lebensglück‹ richtig liegen?«

»Äh, ja, hm … Jetzt, wo Sie's so sagen …«

»Sehen Sie …«

»Tja, dann eben nicht. Aber warten Sie, wir bringen ja noch einen Ratgeber heraus. Der liegt dann nicht kostenlos bei den Standesämtern, sondern in Krankenhäusern und so.«

»Aha, und wie heißt der?«

»Mutter- und Familienglück, frischgeboren!«

»Ich glaube, wir lassen das, oder?«

»Hm, ja, äh, jetzt, wo ich so darüber nachdenke …«

»Wiedersehen!«

»Ja, tschüs.«

LATEINISCHE FUNDAMENTALISTEN

Im Nachfolgenden gebe ich einen Dialog wieder, bei dem ich erst zum Ende des Gesprächs halbwegs verstanden habe, um was es der Kundin eigentlich ging. Offen ist bis heute, was die Frau mit Rappatscheng gemeint hat.

»Aber nicht, dass die so ein Rappatscheng machen!«

»Wie bitte?«

»Ja, Sie sagten doch, dass bei der Beerdigung am Grab zwei Ministranten dabei sind.«

»Ja.«

»Sagen Sie denen, die sollen nicht so'n Rappatscheng machen.«

»Die sollen kein was machen?«

»Rappatscheng!«

»Das sind zwei Messdiener, zwei Buben, der eine trägt ein Kreuz und der andere den Weihwassereimer.«

»Ach, die spielen gar keine Instrumente?«

»Nö.«

»Aber erst haben Sie gesagt, da kämen zwei Ministranten, geben Sie's zu!«

»Ja, schon, aber das ist in diesem Fall aus dem Lateinischen, auf Deutsch sagt man Messdiener.«

»Latein?«

»Ja.«

»Verstehen wir nicht. Haben Se da keine Deutschen?«

»Die sagen doch gar nichts.«

»Aber Ausländer sind das schon, oder?«

»Nein.«

»Ach, eben noch Latein, jetzt Deutsche. Aber egal, Hauptsache, die machen kein Rappatscheng.«

»Also das kann ich Ihnen auf jeden Fall versprechen.«

»Dann is' ja gut. Wir ha'm ja nix gegen Ausländer.«

ONKEL WALTER

Es kommt mitunter vor, dass die Rechnung des Bestatters auf eine andere Person ausgestellt wird. Da wickelt vielleicht ein Schwiegersohn alles im Beerdigungsinstitut ab, die Rechnung soll jedoch auf den finanziell bessergestellten Schwiegervater, Onkel oder Opa ausgestellt werden. Der kann diese Belastung möglicherweise von der Steuer absetzen. An und für sich ist es also nichts Ungewöhnliches, wenn Auftraggeber und Rechnungsempfänger voneinander abweichen. So war ich zunächst auch nicht verwundert, dass in diesem Fall Onkel Walter derjenige sein sollte, der die Rechnung bezahlte.

»Können Sie dann die Rechnung auf unseren Onkel Walter ausstellen? Ich gebe Ihnen mal die Adresse.«

»Das ist kein Problem. Der alte Herr will die Kosten übernehmen?«

»Keine Ahnung.«

»Wie? Keine Ahnung?«

»Ja, keine Ahnung, der hat aber genug Geld.«

»Hatte er denn im Vorfeld signalisiert, dass er zur Kostenübernahme bereit ist?«

»Das glaub ich kaum, der ist ziemlich knauserig.«

»Dann wird es wenig Zweck haben, ihm die Rechnung zu schicken.«

»Ach, machen Sie mal, vielleicht zahlt er ja.«

»Und wenn nicht?«

»Ja, meine Güte, dann müssen Sie halt etwas Druck machen.«

»So geht das nicht. Sie sind der Auftraggeber und Sie bekommen auch die Rechnung. Wenn das so abgesprochen ist in der Familie, dann können wir die Rechnung gerne auch auf jemand anders ausstellen, aber wir können sie nicht einfach irgendwem schicken in der Hoffnung, dass er vielleicht bezahlt.«

»Ach, der zahlt das schon, der weiß doch, dass wir alle kein Fett auf der Kette haben.«

»Wir machen das so: Ich drucke Ihnen die Rechnung aus, und Sie legen die Ihrem Onkel selbst vor. Wenn er sich dann bereit erklärt, die Kosten zu übernehmen, dann kann er das Geld ja überweisen.«

»Das ist aber doof, dann hab ich ja den ganzen Ärger.«

»Ja, anders geht's nicht.«

»Ich habe die Kontonummer von meinem Onkel, da könnten Sie es doch einfach abbuchen.«

»Nein, das geht nicht.«

»Mist. Na, dann zahlen wir das eben selbst, ich geh' jedenfalls nicht zu dem.«

SPAREFFEKT

Das geht jetzt schon zwei Stunden so. Der Mann in mittleren Jahren möchte die Bestattung für seine verstorbene Großmutter ausrichten und ist sehr darauf bedacht, so wenig Geld wie möglich auszugeben. An und für sich ist gegen diesen Wunsch nichts einzuwenden, und ein ordentlicher Bestatter hat auch genügend preiswerte Alternativen im Programm, um auch dem Wunsch nach einem günstigen Angebot nachkommen zu können.

Aber dem Mann ist das noch nicht preiswert genug. Er hat nämlich von der Oma nichts zu erben, und die Oma hatte ihm gesagt, dass er wenigstens das, was von der ohnehin kargen Sterbeversicherung übrig bleibe, behalten dürfe.

»Gibt es denn nicht noch einen billigeren Sarg?«

»Nein. Das ist das allergünstigste Modell. Der kommt auf zweihundertfünfundzwanzig Euro, billiger geht es wirklich nicht.«

»Und die Urne, was ist denn damit?«

»Sie bekommen ja schon gar keine Urne, sondern Ihre Großmutter wird in der Blechdose, die vom Krematorium kommt, bestattet. Das reicht vollkommen aus, aber sparen können wir da nichts.«

»Und das Grab, was ist denn mit dem Grab? Da müsste es doch noch was Günstigeres geben.«

»Sie wählten das anonyme Rasengrab. Das kostet dreihundertachtzig Euro; alles andere ist bedeutend teurer.«

»Haben wir denn keine Möglichkeit mehr, das noch günstiger zu machen? Meine Oma war eine ganz schlichte und einfache Frau, die wollte keinen Pomp.«

»Nun ja, von Pomp kann da ja sowieso keine Rede mehr sein. Einfachstes Totenhemd, keine Decke, nur ein dünnes Kopfkissen, billigster Sarg, keine Urne, keine Trauerfeier, keine Blumen und anonymes Grab … ich wüsste nicht, wo man da noch was sparen kann.«

»Ach kommen Sie, irgendwas geht noch, oder?«

Ich habe nun schon alles für den Mann getan. Ich habe ihm alle Varianten gezeigt, bin ihm bei den Preisen schon weiter entgegengekommen, als ich es normalerweise tue. Aber alles ist immer noch nicht billig genug.

Nur um ihn etwas zu provozieren, sage ich: »Okay, wir könnten Ihre Großmutter natürlich mit einer Sackkarre vom Krankenhaus abholen und sie in das Bettlaken einwickeln, mit dem sie derzeit bedeckt ist und sie bei Nacht und Nebel einfach über die Friedhofsmauer werfen. Das kostet dann nun hundert Euro.«

Ich erwarte, dass er jetzt etwas pikiert ist und ihm die Augen aufgehen, dass er durch seine vielen Sparmaßnahmen schon kurz vor der Grenze ist, dass es pietätlos wird. Doch was sagt der: »Geht das? Mensch, das wäre doch *die* Idee! Meine Oma war wirklich eine bescheidene und ganz sparsame Frau.«

Dann stockt er und überlegt kurz. Offenbar hat mein nicht ernst gemeinter Vorschlag doch etwas in ihm bewirkt. Er fragt nicht nochmals nach einer günstigeren Alternative und unterschreibt den Auftrag in der ganz ursprünglichen Form, so wie ich sie ihm vorgeschlagen hatte, bevor er anfing zu »sparen«. Jetzt bekommt die Oma doch eine kleine Trauerfeier mit Blumen und sogar eine Sargdecke.

Nachdem er unterschrieben hat, sagt er:

»Okay, bei der Oma sehe ich das ja ein. So ganz verscharren wie einen Hund kann man sie ja nun dann doch nicht. Aber man kann bei Ihnen doch auch so Vorsorgen machen, oder?«

»Ja, da legt man zu Lebzeiten fest, wie man dereinst bestattet werden will.«

»Okay, dann buchen Sie das mit der Friedhofsmauer bei Nacht und Nebel mal für mich.«

AB INS FEUER!

Es ist ja eine nicht auszurottende urbane Legende, dass der Sarg bei einer Feuerbestattung in Wirklichkeit gar nicht mit verbrannt wird, sondern dass die habgierigen Bestatter die Särge heimlich wieder mitnehmen und noch mal verkaufen. Das machen sie angeblich sogar mit den Totenhemden und den Decken.

Zu diesen Behauptungen kann ich nur sagen: Alles Quatsch!

Es hat schon mal einige schwarze Schafe in der Branche gegeben, die einen von der Familie ausgesuchten, sehr teuren Sarg vor der Einäscherung gegen ein billigeres Exemplar austauschten, aber dass ich das hier nun erzählen kann, ist ja der Beweis dafür, dass diese Gauner aufgeflogen sind.

In Wirklichkeit ist der reine Materialwert eines Sarges für einen Bestatter mit einem halbwegs gutlaufenden Betrieb so bedeutungslos, dass es sich überhaupt nicht lohnt, einen Sarg auf diese Weise wieder in den Laden zu bekommen. Das gilt umso mehr für die günstigen Totenhemden.

Ganz allgemein gibt es aber eine große Unwissenheit in der Bevölkerung über die Abläufe bei einer Kremation. Viele denken, auch ohne an einen unlauteren Bestatter zu glauben, der Sarg würde nicht mit verbrannt. Dabei ist es hierzulande so, dass der Brennwert des Sargholzes beim gesamten Verbrennungsprozess mit einkalkuliert wurde. Der Sarg wird also benötigt.

Eine Dame hat es mir besonders schwer gemacht. Erst wollte sie den Sarg in anderen Formaten, und dann tat sie sich schwer, zu verstehen, dass in den Sarg der Körper kommt, beides eingeäschert wird und anschließend die Asche in eine Urne kommt. Vor den Särgen stehend fragte sie:

»Gibt's die auch in anderen Formaten?«

»Also, eigentlich sind Särge immer so rechteckig.«

»Das ist ja mal voll langweilig.«

»Natürlich gibt es auch Designerstücke, zum Beispiel in Wellenform oder sogar ähnlich einem ägyptischen Sarkophag.«

»Nein, ich mein jetzt mehr so rund.«

»Rund?«

»Ja, so ohne Ecken.«

»Rund also.«

»Ja genau, mehr so wie ein … hm …«

»Wie ein Fass?«

»Ja, genau! So meine ich das, so wie ein Fass!«

»Es hat ja seinen Grund, dass die Särge diese Form haben.«

»Ach was?«

»Doch, da soll ja schließlich ein Mensch reinpassen. Liegend.«

»In den Sarg?«

»Ja, sicher, wo denn sonst?«

»Aber mein Mann wird doch verbrannt, da ist es doch

egal, wie der Sarg aussieht, die Asche passt dann doch wohl in jeden Sarg.«

»Die Asche wird doch nicht in einem Sarg beigesetzt.«

»Das haben Sie doch aber eben selbst gesagt.«

»Nein, bestimmt nicht.«

»Dohoch! Siiiie haben gesagt, man braucht auch einen Saaaaarg!«

»Ja, vorher. Also der Mensch kommt in einen Sarg, dann wird der Sarg mit dem Menschen eingeäschert, und die Asche kommt in so eine Urne hier; schauen Sie mal!«

»In so eine Urne? *Das* ist eine Urne? Mein Gott, die sieht ja potthässlich aus, wie eine Büchse.«

»Im Prinzip ist das ja auch so etwas wie eine Büchse. Vielleicht habe ich Ihnen nicht die schönste Urne gezeigt, wie wäre es denn mit dieser hier?«

»Sieht auch kacke aus, äh, 'tschuldigung, gefällt mir auch nicht.«

»Und die hier?«

»Auch nicht, meine Güte, was sind die Dinger hässlich. Haben Sie keine länglichen, rechteckigen?«

»So in Sargform?«

»Ja, genau! So wie ein Sarg, nur eben kleiner.«

»Als Sie noch dachten, wir bräuchten einen Sarg für die Asche, da konnte es Ihnen nicht rund genug sein, und jetzt, da ich Ihnen nur runde Sachen zeige, da wollen Sie was länglich Eckiges?«

»Stimmt, ich bin aber auch ein Dummerchen. Aber ich will für meinen Erwin nur das Beste. Sie verstehen?«

»Sicher, Sie sollen ja auch das bekommen, was Ihnen gefällt. Ist denn bei den Urnen hier im Regal gar nichts dabei, was Ihnen gefallen könnte?«

»Da im Regal?«

»Ja, hier im Regal.«

»Die Weiße da ganz rechts an der Wand!«

»Das ist der Luftbefeuchter.«

»Ach, der ist aber hübsch.«

»Die Urnen stehen da mehr so im Regal und hängen nicht an der Wand.«

»Sehen aus wie Blumenvasen mit Deckel.«

»Sie kommen ja in die Erde.«

»Die Urnen?«

»Ja.«

»Ach, ich dachte, ich hätte Sie jetzt so verstanden, dass die mitverbrannt werden.«

»Nein.«

»Nicht?«

»Nein.«

»Aha.«

»Und? Wie sieht's aus? Was dabei, was Ihnen gefällt?«

»Hm, wenn die nicht verbrannt wird, könnte man ja auch die da vorne nehmen, die ist eigentlich ganz hübsch.«

»Kupfer, gehämmert.«

»Die ist ganz schön. Und die bleibt im Feuer ganz?«

»Ja.«

»Dann nehm ich die.«

»Gut so.«

»Sagen Sie mal, ich muss Ihnen eins sagen, Sie sind ein sehr netter Mann. Sie gehen gut auf Ihre Kunden ein.«

»Danke, Sie sind aber auch sehr nett, nicht jede Kundin macht es einem so leicht.«

»Tja, ich hab mich halt vorher im Interweb informiert. Das heißt, mein Schwager war das, der kennt sich da aus. Warten Sie mal eben, ich ruf den mal: Hugo, komm doch mal rein, wir haben jetzt schon eine Urne zum Verbrennen, jetzt brauchen wir nur noch einen Sarg für die Asche!«

»Ich weiß ja nicht, so eine Holzkiste ist ja schon ziemlich popelig für Papa. Was meinst du, Dieter?«

»Na ja, jeder kommt mal in so einen Sarg, warum also nicht dein Vater?«

»Meinetwegen einäschern, aber so ein Sarg?«

»Du hast doch gehört, was der Bestatter gesagt hat, man braucht auf jeden Fall einen Sarg.«

»Ja, aber wozu denn? Einen Sarg braucht man doch nur in der Erde.«

»Nein, der Bestatter hat gesagt, dass die Menschen erst in einen Sarg kommen und dann damit eingeäschert werden.«

»Das ist ja wohl mal voll die Verschwendung.«

»Tja, das ist nun mal so. Da kann man nichts machen. Lass uns doch den Sarg da nehmen, der ist nicht so teuer und sieht trotzdem ganz gut aus.«

»Wozu denn ein Sarg? Ich dachte immer, die kommen in eine Urne.«

»Ja, anschließend kommt die Asche von Papa in eine Urne.«

»Also brauchen wir doch keinen Sarg.«

»Doch! Erst in den Sarg, dann mit Sarg einäschern und dann die Asche in die Urne.«

»Aha, und geht das nicht ohne Sarg?«

»Nein, nur mit.«

»Und was ist, wenn wir auf das Einäschern verzichten?«

»Du meinst also eine Erdbestattung?«

»Nein, schon so mit Urne.«

»Und was meinst du, wie wir den Papa in die Urne kriegen, ohne ihn zu verbrennen?«

»Keine Ahnung. Für was sind wir hier beim Bestatter, der muss das doch wissen.«

»Der wird ihn auch nicht durch den Fleischwolf drehen können.«

»Du bist makaber!«

»Ich bin nicht makaber, du bist unentschlossen!«

»Papa wollte aber in eine Urne.«

»Kann er ja, nur müssen wir dann eben auch einen Sarg aussuchen, in dem er eingeäschert wird. Danach kann er in die Urne.«

»Könntest du den mal fragen?«

»Wen, Papa?«

»Quatsch, Papa ist doch tot! Nein, ich meine den Bestatter.«

»Und was soll ich den fragen?«

»Na, das mit dem Fleischwolf, irgendwas muss es da doch geben.«

»Also, hör mal, das kann doch nicht dein Ernst sein. Hast du eine Ahnung, wie groß Papa war? Der passt da doch so niemals rein.«

»Und mit dem Fleischwolf?«

»Ich glaube, du spinnst!«

»Na gut, dann nehmen wir halt den billigen Sarg hier. Obwohl ich das ja nicht so ganz einsehe.«

IST ÖSTERREICH GETEILT?

Da treffe ich eine Frau, die ich nur vom Sehen her kenne, auf der Straße, und sie ist sichtlich erfreut, mich zu treffen, brennt ihr doch eine ganz wichtige Frage auf der Zunge. Eigentlich wollte ich nur einen Espresso in meinem Lieblingskaffeehaus trinken und in Ruhe einen Blick in die Zeitung werfen. Doch die Frau kommt einfach an meinen Tisch und sagt:

»Ach, das ist ja gut, dass ich Sie treffe. Sagen Sie mal, haben Sie nicht Arbeit für meinen Sohn?«

»Eigentlich suchen wir im Moment niemanden.«

»Der ist ja gelernter Speditionskaufmann. Also, das erste Lehrjahr hat er fast fertig gehabt, bis auf acht Monate, die fehlen ihm noch, und dann haben die sich im, wie sagt man da so, gegenseitigen Einvernehmen getrennt. Der ist also nicht gekündigt worden; ist ein guter Junge.«

»Wie gesagt, wir suchen derzeit niemanden.«

»Einundzwanzig ist er jetzt, und der kann viel! Der Jochen hat mir sogar gestern die Küchenwaage aufgehängt. Das kann der, da staunen Sie, ja, ja, so ist der Jochen.«

»Wir brauchen niemanden.«

»Ach, da kommt er ja gerade. Joooohochennnn! Komm mal ebend her! Guck mal, der Mann hier hat Arbeit für dich. Steh gerade, benimm dich! Setz dich mal hin! So, ich geh mal ebend weg, dann können Sie sich unterhalten.«

»Tut mir leid, aber ich glaube, Ihre Frau Mutter hat da was falsch verstanden«, sage ich zu dem jungen Mann. »Wir suchen derzeit niemanden.«

»Ich hab schon sechsundfünfzig Bewerbungen geschrieben, am PC.«

»Ja, es ist schwer, heute was zu finden, aber Sie sind jung, Sie sollten sich tüchtig weiterbewerben und nicht nur aufs Arbeitsamt verlassen; auch mal auf Firmen zugehen und im Internet umschauen. Wieso hat Ihr Ausbildungsbetrieb sich denn von Ihnen getrennt?«

»Das ist, weil ich dort gedisst worden bin.«

»Wie bitte?«

»Ja, wegen dem Mobbing.«

»Ach was.«

»Ja, ehrlich Mann, wegen dem da aus dem Islam.«

»Aha.«

»Ja, der Kaydan is' ja aussem Islam, und Sie wissen doch, wie das so ist, die werden überall bevorzugt. Bei denen traut sich keiner was. Ich hatte da voll die Arschkarte gezogen.«

»Aha.«

»Kaydan hier, Kaydan da, Kaydan ist ein guter Mann! So ging das von morgens bis abends, und ich, ich war nur voll der Arsch. Kaydan kann sogar besser Deutsch als ich, haben die gesagt, Kaydan is' schneller am PC, und Kaydan is' natürlich auch freundlicher. Voll das Mobbing!«

»Aha.«

»Dann gleich der Rausschmiss, nur wegen dem bisschen Schweineblut.«

»Schweineblut?«

»Ja, hab ich inne Pumpgun gemacht, also jetzt keine echte, nur so eine, wo man Wasser mit spritzen kann; und dann hab ich dem seinen Ford mit Schweineblut mal so richtig vollge-saut. Hehehe …«

»So was macht man doch aber auch nicht.«

»Der ist bevorzugt worden, weil er aussem Islam kommt.«

»Der kommt aus dem Islam?«

»Ja, sicher, sach ich doch.«

»Wo liegt denn der Islam?«

»Keine Ahnung, ich denke mal da unten irgendwo. So bei Asien in der Nähe.«

»Und wie heißt denn die Hauptstadt vom Islam?«

»Na, hören Se mal, das weiß doch jeder, die heißt Mekka.«

»Mekka ist die Hauptstadt vom Land Islam?«

»Nich? Ja gut, dann vielleicht Kuwait, oder? Nu, sagen Se, Kuwait is richtig, oder?«

»Und wie ist es denn da im Islam, wie sieht's da aus?«

»Flach, also vor allem isser flach, wegen der Wüste und den vielen Pyramiden und dem ganzen Zeug. Die haben ja auch voll viel Öl.«

»Ach, so ein Land gibt es? Und wer wohnt da alles?«

»Die Taliban, sonst keiner, die anderen sind alle hier.«

»Wie heißen denn die Leute, die von da kommen?«

»Türken!«

»Und kamen die nicht früher aus der Türkei?«

»Ja, stimmt schon, jetzt wo Sie das so sagen. Aber vielleicht ist die Türkei nur ein Teil vom Islam, keine Ahnung.«

»Was sprechen die denn da für eine Sprache?«

»Türkisch und Islamistisch, glaub ich jetzt wenigstens, ganz sicher bin ich nicht.«

»Und warum kommen so viele Türken hier zu uns?«

»Wegen dem Krieg, da is’ doch immer Krieg.«

»Aber es fahren doch immer ganz viele Leute in die Türkei in Urlaub. Dann kann da doch kein Krieg sein.«

»Hmm, is’ vielleicht ne andere Türkei. Is’ doch bei Spanien auch so, da gibt’s das eine Spanien, wo die Spanier wohnen, und dann noch Spanien mit Strand.«

»Ist dieses Land weit weg?«

»Wie jetzt, Spanien?«

»Nein, das Land von dem Sie erzählt haben, der Islam.«

»Nee, nich weit.«

»Liegt aber trotzdem bei den Pyramiden und in Asien?«

»Ja genau, is’ nicht so weit.«

»Weiter als Österreich?«

»Gibt’s das noch?«

»Ob es Österreich noch gibt?«

»Ja, da war doch was. Sie wollen mich doch jetzt testen oder was. Da war doch was mit dem einen da. Warten Sie mal, ich hab’s gleich. Der mit dem Schnurrbart, hieß der nicht Hitler oder so? Haben wir viel in der Schule drüber gehört, deshalb muss man doch die Juden so verehren.«

»Österreich gibt's aber noch.«

»Dann war das ein anderes Land, aber auch da irgendwo, nech? Irgendwas war da doch mit dem Hitler, eins von den Ländern ist dann doch irgendwie so geteilt worden.«

»Also, wie gesagt, wir haben keine Stelle frei; war aber trotzdem nett, mit Ihnen zu plaudern.«

»Schade.«

»Und nicht aufhören mit den Bewerbungen.«

»Nee, mach ich nich'.«

»Aber nicht bei uns bewerben, nicht wahr, wir haben ja jetzt schon miteinander gesprochen.«

»Is' gut.«

DAS SPÜLT

Als Bestatter weiß man, dass die Menschen, die sich einem anvertrauen, in einem Zustand sind, der manchmal logisches und klares Denken ausschließt. Nun sind aber die Entscheidungen, die in dieser Situation getroffen werden müssen, oft von großer Tragweite und natürlich auch mit dem entsprechenden Einsatz finanzieller Mittel verbunden. Kurzum: Der Bestatter muss sehr viel Fingerspitzengefühl und Einfühlungsvermögen besitzen, um einerseits die Wünsche der Hinterbliebenen herauszufiltern und sie andererseits mit den finanziellen, örtlichen und gesetzlichen Gegebenheiten in Einklang zu bringen.

Manchmal ist es aber auch einfach nur so, dass man den Kunden etwas auf die Sprünge helfen muss.

Herr Henschel hat vor ein paar Jahren bei einem anderen Institut die Bestattung seiner Mutter abgewickelt und will nun, dass wir die Bestattung seines jetzt verstorbenen Vaters abwickeln.

Im Verlaufe des Gesprächs ergibt sich folgender Dialog:

Herr Henschel: »Und wenn ich's Ihnen doch sage, meine Mutter ist erst verbrannt und dann mit dem Sarg beerdigt worden, und genau so will ich das jetzt auch für meinen Vater.«

Bestatter: »Natürlich können wir Ihren Vater jetzt im Krematorium einäschern lassen, wenn Sie das so wünschen, aber wir können dann anschließend nur die Urne beisetzen, der Sarg ist dann weg.«

»Das ist doch Quatsch! Sagen Sie mal, wollen Sie mir einen Bären aufbinden, ich war doch schließlich dabei, als meine Mutter beerdigt worden ist. Erst war die Trauerfeier, dann ist sie eingeäschert worden, und dann war die Beerdigung vom Sarg, ich war doch dabei!«

»Wenn Ihre Frau Mutter eingeäschert worden wäre, dann gäbe es doch anschließend keinen Sarg mehr, weil der doch mitsamt dem Leichnam eingeäschert wird. Es gibt dann nur noch eine Urne. Das ist doch logisch.«

»Was, bitteschön, ist denn daran logisch?«

»Alles. Überlegen Sie doch mal in aller Ruhe. Was bedeutet denn eine Einäscherung? Da wird doch der Sarg mit dem Leichnam verbrannt, oder?«

»Keine Ahnung. Bin ich hier der Bestatter oder Sie?«

»Sehen Sie, da sind wir dann doch schon mal auf dem richtigen Weg. Sie erkennen, dass ich der Fachmann bin, und ich erkläre Ihnen als Fachmann nun, dass es entweder eine Einäscherung gegeben hat *oder* eine Sargbeerdigung.«

»Ich war aber dabei!«

»Sicher, das steht doch außer Frage, blenden wir mal den Punkt aus, der ist ja nicht strittig. Also, da gab es eine Trauerfeier mit dem Sarg, richtig?«

»Ja, auf dem Friedhof in der Halle.«

»Gut, und dann? Was ist dann mit dem Sarg passiert?«

»Ja keine Ahnung, wir sind dann rausgegangen und die haben den Sarg rausgeschoben.«

»Und wie ist es dann weitergegangen?«

»Wir sind alle zum Kaffeetrinken in den Kulturraum von der AWO gegangen. Wissen Sie, wenn man da Kuchen beim Bäcker bestellt und den Kaffee selber kocht, dann spart man einen Haufen Geld, man muss hinterher nur alles wieder spülen und die Stühle wieder stapeln.«

»Okay, Trauerfeier in der Halle, Sarg rausgeschoben … Und dann? Wann war denn die Beerdigung?«

»Ich hab doch gesehen, wie der Sarg in die Erde gelassen wurde, ich war da doch dabei!«

»Ja gut, aber wann?«

»Direkt nach der Trauerfeier natürlich. Da sind wir alle zum Grab gegangen und haben zugeguckt, wie der Sarg in die Erde gekommen ist.«

»Hm … jetzt haben Sie mir aber doch gerade eben erzählt, dass Sie nicht zum Grab gegangen sind, sondern zum AWO-Heim und Kaffee getrunken haben.«

»Moment mal, das stimmt ja gar nicht, wir sind nach der Beerdigung ins Kaffee Janssen gegangen …«

»Aha! Kann es sein, dass Sie sich an zwei Beerdigungen erinnern und das ein wenig durcheinanderbringen?«

»Meine Mutter ist doch aber verbrannt worden!«

»Gut, überlegen Sie doch mal, wer noch alles verstorben ist, vielleicht schwingt da ja die Erinnerung an eine ganz andere Beerdigung noch mit.«

»Bei uns wird nicht so viel gestorben, wir haben's nicht so mit dem Friedhof und so.«

»Fein, der liebe Gott möge Ihren Standpunkt unterstützen, ich wünsche es Ihnen. Aber nochmal: Ist ungefähr zur gleichen Zeit noch jemand gestorben?«

»Ja, die Tante.«

»Aha!«

»Wie, aha?«

»Wie ist denn die Tante beerdigt worden?«

»Ja, die ist in die Erde gekommen, mit dem Sarg und so ...«

»Und danach sind Sie ins Kaffee Janssen gegangen?«

»Sagte ich doch gerade eben.«

»Also waren Sie nach der Erdbestattung Ihrer Tante im Kaffee Janssen?«

»Sag ich doch!«

»Und nach der Trauerfeier für Ihre Mutter? Wo waren Sie da?«

»Im AWO-Heim. Meine Güte, muss ich jetzt alles dreimal erzählen?«

»Nö, nur so lange, bis Sie es verinnerlicht haben.«

»Wie meinen Sie das jetzt, soll das eine Beleidigung sein?«

»Nö.«

»Dann is' ja gut.«

»Also, Tante in die Erde, dann Kaffee Janssen. Mutter nur Trauerfeier und dann ins AWO-Heim.«

»Jetzt, wo Sie's sagen ...«

»Also ist Ihre Tante erdbestattet worden, und Ihre Mutter hat eine Feuerbestattung bekommen. Kann das so sein?«

»Mensch, Sie sind aber auch schwer von Begriff, genau das sage ich Ihnen doch die ganze Zeit!«

»Ja, ich gebe es zu, manchmal brauche ich eine kleine Weile.«

»Da sollten Sie was gegen machen, in Ihrem Beruf. Am besten, Sie trinken viel Wasser, das spült!«

ERDMÄNNCHEN

Über das Thema Tod, Sterben, Trauer und Bestattung mag ja kaum einer gerne reden. Diese Themen sind in unserer Gesellschaft tabuisiert, und keiner möchte gerne an seine eigene Vergänglichkeit erinnert werden.

Deshalb beschäftigt sich freiwillig kaum jemand mit diesen Themen. Hat man jedoch schon mal die Gelegenheit, dass ein Bestatter anwesend ist, und man ist gerade nicht selbst von einem Sterbefall betroffen, ja, dann lässt es sich vortrefflich scherzen und fragen.

Ähnlich ist es, wenn das eigentliche Beratungsgespräch vorüber ist. Der unangenehme Teil ist vorbei, und der Bestatter hat es verstanden, den Leuten die Angst vor dem Unbekannten zu nehmen. Sie fühlen sich gut aufgehoben und erleichtert.

Nun möchten sie gerne etwas Druck ablassen, noch etwas Konversation machen und eher über etwas Lockeres sprechen.

Herr und Frau Pützenroth hatten beschlossen, eine Bestattungsvorsorge für sich abzuschließen, alles ist besprochen und unter Dach und Fach. Man sitzt noch einen kurzen Moment beisammen, macht etwas Konversation, und genau in dieser Phase entspinnt sich zwischen dem älteren Ehepaar folgendes Gespräch.

Frau Pützenroth: »Mann, watt bin ich froh, datt jetzt die Fußball-Weltmeisterschaft vorbei ist. Mein Mann hat ja nur noch vor die Kiste gehockt und geglotzt. Bei den meisten Ländern weiß der noch nicht mal, wo die sind, aber die Spiele angucken muss er trotzdem.«

»Ach sei du doch ruhig, was ist denn mit dich und deine Tiersendungen? Erdmännchen und Kobold und so? Da krieg ich voll den Hals, wenn ich diese arroganten Erdmännchen da seh'.«

»Erdmännchen? Die sind doch voll niedlich! Die haben jetzt festgestellt, dass Erdmännchen sogar zwei verschiedene Warntöne ausstoßen können ...«

»Sach ich doch: arrogante Scheißviecher!«

»Und was ist daran, bitteschön, arrogant?«

»Wie die schon gucken! Und jetzt siehste's ja mal wieder, die haben sogar zwei Töne. Ja, den feinen Erdmännchen reicht ein Ton nicht, die müssen natürlich zwei haben, diese kleinen verschissenen Angeber.«

»Also hör mal, Herbert, die warnen ihre Artgenossen vor Erdferkeln.«

»Und warum nicht vor Pinguinen?«

»Pinguine? Da gibt es doch keine Pinguine!«

»Wo?«

»Na da.«

»Ich mag keine Pinguine.«

»Warum das denn nicht, das sind doch wunderschöne Tiere.«

»Ach so? Ich find die ja so was von hochnäsig und arrogant. Die sind sogar noch arroganter als deine Erdmännchen. Stehen da so rum in ihren schwarzen Anzügen, sind zu faul und zu fett zum Fliegen, machen bloß immer ein und dasselbe Geräusch und scheißen alles voll.«

»Wie willst du das denn wissen, du hast doch noch nie 'nen richtigen Pinguin gesehen.«

»Warte nur ab! Wenn da jetzt das ganze Öl ausgelaufen ist, dann sind die ganzen Eisbären verklebt, und die können dann keine Pinguine mehr fressen. Dann wird es eine wahre Invasion von diesen scheißenden Frackträgern geben.«

»Eisbären fressen keine Pinguine.«

»Ach nee? Und warum nicht?«

»Weil Eisbären bloß in der Arktis vorkommen und Pinguine nur in der Antarktis.«

»Ihr werdet euch noch wundern, wenn hier mal alles voll ist mit den kleinen Scheißern.«

»Was du auch immer hast. Der Pinguinkot ist nämlich besonders wertvoll.«

»Was? Die Kacke von denen ist was Besonderes?«

»Ja genau, da machen die Guarana draus.«

»Ist das nicht in Red Bull drin?«

»Keine Ahnung, aber das ist besonders wertvoll.«

»Und das trinken die jungen Leute? Nee, da guck ich lieber Fußball und trink mir ein frisches Pils.«

SEUCHENGEFAHR

»Das ist mir egal, ich will in den Wald.«

»Nein, du kommst mal auf den Südfriedhof, da haben wir schließlich unser Familiengrab.«

»Du kannst ja meinetwegen zu deiner Mutter ins Grab, ich bin froh, dass ich die nicht mehr sehen muss.«

»Jetzt hör aber mal auf! Wenn du nicht so ein lausiger Schwiegersohn gewesen wärst, dann hättet ihr vielleicht sogar ein ganz gutes Verhältnis gehabt.«

»Ich? Ich soll mal aufhören? Ich? Wenn Fußball im Fernsehen kam, dann hat die immer auf Volksmusik umgeschaltet. Wenn ich mir eine Platte aufgelegt habe, dann musste die staubsaugen. Wenn ich in der Wanne lag, dann kriegte die Durchfall. Egal, was ich machen wollte, die hat mir das Leben versauert. Das war eben einfach keine gute Entscheidung, zu deiner Mutter ins Haus zu ziehen.«

»Immerhin haben wir hier wohnen dürfen.«

»Ja, und ich hab den Garten an der Backe gehabt, durfte ständig irgendwas reparieren, und als deine Mutter gestorben ist, haben wir noch einen Haufen Schulden mitgeerbt. Nee, hör mir auf mit der Alten, ich will in den Wald.«

»Ich will aber nicht, dass du in den Friedwald kommst, du sollst in unser aller Grab, mit mir, meinem Vater und meiner Mutter.«

»Nix da. Ich geh in den Wald und wenn du nicht ruhig bist, lass ich deinen Vater auch noch ausgraben und nehm den mit in den Wald, der hatte auch keine ruhige Minute unter deiner Mutter.«

»Wieso unter meiner Mutter, der liegt doch neben ihr.«

»Ich mein ja auch zu Lebzeiten.«

»Ach so.«

»Nix, es bleibt dabei, ich geh in den Friedwald, und wenn du da nicht zustimmst, dann nehm ich deinen Vater mit, und wir zwei Männer machen es uns unter irgendeiner Eiche gemütlich.«

»Wenn von uns mal einer stirbt, dann hab ich sowieso zu bestimmen, wo du hinkommst.«

»Das hat der Bestatter aber eben anders erklärt. Der hat gesagt, dass ich in der Vorsorge so was selbst bestimmen kann.«

»Gut, wenn du in den Wald gehst und das hier gegen meinen Willen durchdrückst, dann lasse ich meine Mutter ausgraben und tu die direkt neben dir im Wald in den Boden, so!«

»Das geht nicht!«

»Und warum soll das nicht gehen?«

»Weil von einem Friedwald keine Seuchengefahr ausgehen darf. Und deine Mutter, die war ja wohl mal voll die Seuche!«

GANZ OHNE EBAY?

Bei eBay konnte man früher mal ganz günstig Sachen versteigern und ersteigern, die andere Leute loswerden wollten. Das war so eine Art bunter Riesenflohmarkt im Internet. Leider ist es inzwischen so, dass diese Verkaufsplattform ziemlich stark von professionellen Powersellern und Massenverkäufern dominiert wird. Nichtsdestotrotz ist es für manchen, der dort Handel treibt, sei es nun privat oder gewerblich, die schlimmste Katastrophe überhaupt, wenn er sich von einem Käufer eine negative Bewertung einfängt. Manchmal ist das für die Leute sogar schlimmer, als wenn sie einen negativen Schufa-Eintrag hätten oder wenn ihnen jemand über Nacht die Haustür zugenagelt hätte.

Herr Schuster hat seine Tante beerdigen lassen und vierzehn Tage nach der Beerdigung die Rechnung vom Bestatter bekommen. Mit dieser Rechnung in der Hand taucht er nun im Beerdigungsinstitut auf:

»Ja, das tut mir leid, aber ich kann Ihre Bestattungsrechnung nicht bezahlen.«

»Aha.«

»Ja, jetzt nicht gar nicht, sondern bloß jetzt nicht.«

»Wann denn?«

»Ja, sagen wir mal, so in einem halben Jahr. Wissen Sie, das war alles etwas viel für mich.«

»Dafür haben wir Verständnis, im Zusammenhang mit einem Trauerfall kommen immer viele Rechnungen ins Haus, und manchmal sind es auch zu viele. Sie könnten aber beispielsweise den Betrag in Raten bezahlen.«

»In Raten?«

»Ja, zum Beispiel sechs Monate lang, jeden Monat einen

bestimmten Teilbetrag. Dann sind Sie im November mit der Abzahlung fertig.«

»Ach so, das ist dann auf Abzahlung!«

»Ja, sozusagen.«

»Nee, auf Abzahlung kauf ich nix.«

»Sie sollen ja auch nicht wissentlich wohin gehen und irgendetwas auf Abzahlung kaufen, sondern ich biete Ihnen das jetzt im Nachhinein für eine Rechnung an, die Sie nicht auf einmal bezahlen können.«

»Wer sagt das?«

»Sie!«

»Ach ja, stimmt ja. So auf einmal ist das wirklich ein bisschen viel.«

»Also, da wäre es doch praktisch, wenn wir jetzt gemeinsam überlegen, wie viel Sie noch jeden Monat übrig haben. Und davon zahlen Sie dann den Betrag Stück für Stück. Zum Beispiel sechs Monate lang dreihundert Euro im Monat.«

»Stück für Stück? Ja, das mach ich, Raten würde ich auch noch machen, aber keine Abzahlung.«

»Was?«

»Ja nee, bei Raten kommst du in die Schufa, und bei Abzahlung kriegt man bei eBay was Negatives.«

»Wie bitte?!«

»Sie wissen doch, Schufa und eBay, kennen Sie das nicht.«

»Doch, sicherlich.«

»Sehen Se, und bei der Schufa … okay, mit Schufa könnt ich ja noch leben, das geht wieder weg, aber bei eBay was Negatives, nee, das würd mir alles versauen.«

»Aber unsere Bestatterrechnung hat doch mit eBay überhaupt gar nichts zu tun. Und bis zu einem Schufa-Eintrag ist es ja auch noch ein ganzes Stück. Das würde ja voraussetzen, dass Sie gar nicht bezahlen, so dass wir den Gerichtsvollzieher beauftragen müssten. Und dann irgendwann vielleicht käme man in die Schufa. Aber so weit wollen wir es doch gar nicht kommen lassen, oder?«

»Drohen Sie mir jetzt mit der Schufa?«

»Nein, um Himmels willen, ich biete Ihnen nur die Möglichkeit der Ratenzahlung an.«

»Nee, nee, wenn das so ist mit der Schufa, dann nehm ich doch lieber die Abzahlung, bei eBay kann ich ja noch über den Namen von mein' Schwager rein.«

»Schauen Sie, Sie können hier zum Beispiel unterschreiben und Ihre Bankverbindung eintragen, dann buchen wir vollautomatisch die nächsten sechs Monate immer am Ersten einen Teilbetrag ab, und im November ist alles erledigt. Und wenn Ihnen das zu viel ist, können wir das auch über ein Jahr laufen lassen.«

»Ach, das geht auch mit Lastschrift? Warum sagen Sie das nicht gleich? Dann brauchen wir ja den ganzen Abzahlungskram gar nicht. Nee, dann buchen Sie bitte sechsmal die dreihundert Euro ab, das kommt mich ja billiger, als wenn Sie zwölf Monate lang dreihundert abbuchen würden.«

»Bei zwölf Monaten wären das ja auch nur hunderfünfzig im Monat.«

»Rechnen kann ich selbst, nee, nee, sechsmal dreihundert ist die Hälfte von zwölf, ist doch klar.«

»Ja, wenn Sie das so sehen, dann unterschreiben Sie hier.«

»Ohne eBay?«

»Ganz bestimmt!«

»Klasse!«

GANZ GEHEIM!

Okay, ich gebe es zu, bestimmte komische Situationen entstehen nur deshalb, weil sich die vornehmlich ältere Klientel nicht besonders gut mit der modernen Technik und den neuen Medien des Internetzeitalters auskennt. Aber auf der anderen Seite leben wir im 21. Jahrhundert, und das Telefon gibt es nicht erst seit gestern. Auch Mobiltelefone gibt es jetzt schon viele Jahre, und nach der anfänglichen Ablehnung hat heute auch beinahe jeder Senior eins davon in der Tasche.

Doch manchmal ist es nicht die altersbedingte Unerfahrenheit mit technischen Dingen, sondern die übersteigerte Angst vor dem Datenklau. Da geben Menschen für ein paar jämmerliche Rabattpunkte ihren gesamten Lebenslauf inklusive Einkommen und Bankverbindung preis, tippen in sozialen Netzwerken jede private Kleinigkeit ins Öffentliche und haben dann Angst, wenn der Stromableser nach ihrem Namen fragt.

Ein Kunde und ich kommen zum Ende einer Besprechung, und ich sage:

»Wenn es so weit ist, sage ich Ihnen Bescheid. Am besten wird es sein, wenn ich Sie dann anrufe. Ich brauche dann nur noch Ihre Telefonnummer.«

»Nein, das geht nicht, die steht nämlich nicht im Telefonbuch.«

»Dann sagen Sie sie mir doch einfach.«

»Nein, die ist doch geheim, sonst rufen uns die Leute an.«

»Ja, aber irgendwer muss Sie doch ab und zu mal anrufen, wenn's um was Wichtiges geht.«

»Schon, aber wir haben nicht so wichtiges Zeug.«

»Kann ich Sie per E-Mail erreichen?«

»Das ist ganz schlecht, da guck ich nur alle paar Wochen mal nach.«

»Fax?«

»Haben wir nicht. Das heißt, wir haben das schon, aber die Rolle ist schon ein Jahr leer.«

»Tja, und wie haben Sie sich das vorgestellt, dass ich Sie erreiche und Ihnen Bescheid geben soll? Nachts ziellos durch die Straßen irren und die Botschaft auf Verdacht ausrufen?«

Der Kunde lacht und meint: »Vielleicht schicken Sie mir einfach eine SMS.«

»Aber dann hätte ich ja auch eine Telefonnummer von Ihnen.«

»Schon, aber Sie dürfen dann halt nicht bei mir anrufen, nur simsen, ja?«

KLEIN UND GROSS

Ein Geschwisterpaar steht im Ausstellungsraum und diskutiert die Vorzüge der ausgestellten Särge. Als erfahrener Bestatter weiß ich genau, wie man Särge verkauft, und kann auch gut mit Kunden umgehen, selbst wenn sie etwas kompliziert sind. Doch manchmal ist es auch gut und clever, wenn man das Gespräch einfach mal laufen lässt. Oft reden die Leute sich die Köpfe heiß, lassen Dampf ab, und danach kann ich mit einem Vorschlag zur Güte kommen und gut verkaufen.

Sie: »Und du meinst, dass Vater da reinpasst?«

Er: »Sicher, Hertha.«

Sie: »Der ist doch aber so groß.«

Er: »Ja, aber wenn der Sarg ganz vorne in der Trauerhalle steht, ist er kleiner.«

Sie: »Wie meinst du das?«

Er: »Das ist wie beim Flugzeug. Die Menschen werden ja mit zunehmender Entfernung auch kleiner, sonst würden sie ja gar nicht in die Maschinen passen. Überleg doch mal, wie klein so ein Flugzeug am Himmel ist.«

Sie: »Was? Das ist doch Quatsch!«

Er: »Nein, das nennt man Perspektive.«

REDEN, OHNE ZU DENKEN

Urnentrauerfeiern haben ihren besonderen Reiz, deshalb empfehle ich sie immer gerne. Überlegen Sie mal: Bei einer Feuerbestattung hat man ja üblicherweise eine Trauerfeier mit dem Sarg, und dann geht die Trauergemeinde auseinander. Der Sarg bleibt in der Trauerhalle stehen, weil er später ins Krematorium gebracht wird, und irgendwann, vielleicht vierzehn Tage später, findet dann die Beisetzung der Urne statt, oft im engsten Familienkreis.

Viele empfinden diesen zweimaligen Gang zum Friedhof als doppelt belastend. Außerdem hat die Sargtrauerfeier so etwas Unvollendetes.

Besser ist es da doch, wenn man den Verstorbenen in einem recht günstigen Sarg (weil ihn ja niemand sieht) abholen und zum Krematorium bringen lässt und die Trauerfeier wie eine Beerdigung gestaltet. Das heißt, erst wenn die Urne zur Verfügung steht, geht man zum Friedhof, macht eine ganz normale Trauerfeier und geht dann mit allen Trauergästen zum Urnengrab, um dort gemeinsam die Urne beizusetzen.

Doch wie kommt die Urne zum Grab?

Ich habe da schon alles Mögliche gesehen. Manchmal hat der Friedhofsmitarbeiter die Urne so unter dem Arm, als trage er ein Ferkel zu Markte, manchmal trägt er sie vor seinem dicken Bauch her, als balanciere er einen Topf mit heißer Suppe, und ab und zu wird die Urne auch mit einem dieser viel zu großen Sargwagen gefahren, wobei sie immer umzukippen droht.

Am Schönsten ist es, finde ich, wenn es ein Tragegestell gibt, in dem zwei Männer die Urne würdevoll zum Grab tragen können.

Vor einiger Zeit hatten wir eine solche Urnentrauerfeier. Zwei unserer Männer treten nach der Trauerfeier an die Urne heran und stellen sie in ein solches Tragegestell, um sie zum Grab zu tragen.

Am Rande höre ich, wie sich zwei Besucherinnen der Trauerfeier über die Verstorbene unterhalten:

»War die so dick?«

»Wieso?«

»Weil die zwei Männer brauchen für die Urne.«

»Stimmt, da stehen zwei. Na ja, die saß ja im Rollstuhl, zumindest die letzten zwei Monate.«

»Wird sich nicht mehr viel bewegt haben. Ist bestimmt dick geworden.«

»Die armen Männer.«

»Ja, die tun mir auch leid.«

WORTSCHWALL

Wenn Ehepaare zum Bestatter kommen, dann erkennt man zumeist ziemlich schnell, wer da die Hosen anhat. Auch im folgenden Fall wurde das sehr schnell klar:

»Heinz, jetzt sag du doch auch mal was.«

»Tja …«

»Also, Heinz, wirklich, dieser Sarg ist doch nichts, findest du nicht auch?«

»Also …«

»Schauen Sie, mein Mann und ich sind einer Meinung, dieser Sarg, den Sie uns da zeigen, der ist nichts. Heinz, was sagst du dazu?«

»Äh …«

»Wirklich, der da ist auch nicht gut. Das sagt mein Mann ja auch. Der Schwiegervater war ja ziemlich groß. So an die eins achtzig. Stimmt doch, Heinz, nicht wahr?«

»Ja, aber …«

»Ach, misch du dich doch nicht immer ein, immer hast du an allem was auszusetzen, was ich sage. Ist doch so!«

»Helene, ich …«

»Meine Güte, immer nörgelst du nur herum. Es ist schließlich dein Vater, für den wir einen Sarg raussuchen. Da darf ich ja wohl erwarten, dass du auch mal was dazu beiträgst.«

»Wir …«

»Was ist denn mit dem da? Der Sarg sieht klasse aus und ist groß genug. Heinz, stell dich mal daneben, damit ich sehen kann, ob der groß genug ist.«

»Aber hör …«

»Das ist aber dumm, wenn du nur so dastehst, kann ich das nicht richtig sehen. Der kommt mir aber groß genug vor. Heinz, was meinst du, nehmen wir den? Los, leg dich mal daneben, dann kann ich das besser sehen.«

»Ich …«

»Stell dich doch nicht so an! Meine Güte, du wirst dich doch mal eben da hinlegen können. Los, mach schon. – So ist gut, ja, der dürfte gehen.«

»Helene …«

»Steh doch mal endlich vom Boden auf, mein Gott, du machst dich ja ganz dreckig. Und wer muss das hinterher wieder waschen? Du ja wohl nicht.«

»Also …«

»Na gut, wenn das so ist, dann mach doch alleine weiter, ich setz mich jetzt vorne in die Halle, und dann kannst du hier alleine weitermachen. Ich rede mir den Mund fusselig, und was machst du? Du jammerst nur rum. Mal gefällt dir der nicht, mal gefällt dir der andere nicht.«

»Ich wollte doch …«

»Ach, jetzt brauchst du mich auf einmal? Na, da haben wir es ja mal wieder, erst sich aufplustern und dicke Backen machen und dann ohne mich keinen Sarg aussuchen können. Typisch Mann!«

»Der …«

»Der?«

»Ich finde …«

»Na, dann ist ja alles klar, wir nehmen den hier.«

SERVUS, ERWIN

Um aneinander vorbeizureden, sich nicht zu verstehen und keine Ahnung von dem zu haben, was der andere sagt, muss man nicht unbedingt verheiratet sein; aber es erleichtert die Sache doch ganz ungemein …

Doch auch Geschwister können ins Leere plaudern, in diesem Fall sind es zwei Schwestern.

»Das habe ich ja noch nie gehört. Hannelore, sag doch auch mal was!«

»Was?«

»Hannelore, du sollst auch mal was sagen!«

»Wozu?«

»Zu dem, was der Mann da gesagt hat.«

»Hat der was gesagt?«

Der Mann da, das bin ich, und die beiden sind Helga und Hannelore, zwei Schwestern, die einen ebenso gemeinsamen wie alleinstehenden und derzeit toten Cousin beerdigen lassen müssen.

»Hannelore, jetzt pass doch auch mal ein bisschen auf. Der Mann hat gesagt, das mit dem Erwin gibt es nicht.«

»Natürlich gibt es unseren Erwin, wegen dem sind wir doch da.«

»Ja, aber der Mann sagt, wir können den Spruch nicht in die Zeitung schreiben.«

»Welchen Spruch?«

»Mein Gott, was bist du dämlich! Den Spruch vom Erwin, vom Errrwiiiiin!«

»Also Helga, ich weiß grad gar nicht, was du von mir willst!«

»Der Mann da hat eben gesagt, wir können den Spruch nicht nehmen. Du weißt schon, Erwins Lieblingsspruch, den er bei jeder Gelegenheit gesagt hat. Mein Gott, wir haben doch vorhin noch drüber gesprochen.«

»Wir? Wir haben überhaupt nicht gesprochen, *du* hast gesprochen!«

»Ja, weil du auch nie in die Pötte kommst!«

»Was soll das denn jetzt heißen?«

»Dass ich mir hier den Mund fusselig rede und du nur so dasitzt.«

»Schon mal auf die Idee gekommen, dass bei dir andere bloß nicht zu Wort kommen?«

Bevor die beiden unverheirateten und zusammenlebenden Schwestern sich hier noch endgültig entzweien, schalte ich mich in das Gespräch ein. Mir ist es im Grunde genommen egal, was die Leute sich für Texte und Sprüche für die Todesanzeige in der Zeitung aussuchen. Allerdings versuche ich immer dann beratend tätig zu werden, wenn das Ganze unpassend wird oder in unfreiwillige Komik ausartet. So erkläre ich Schwester Hannelore jetzt: »Also, Ihre Schwester hat als Spruch für die Traueranzeige vorgeschlagen: ›Seid beim Abschied leise, Erwin‹, normalerweise heißt der Spruch aber ›Sag beim Abschied leise Servus‹.«

»Also, ich kann mich überhaupt nicht dran erinnern, dass Erwin das überhaupt jemals gesagt hat.«

»Aber Hannelore, wie kannst du das denn sagen? Erwin hat das *immer* gesagt! Wenn wir so schön bei ihm gefeiert haben, hat er das immer zum Abschied gesagt. Wir sollten leise sein beim Weggehen. Seid beim Abschied leise, Erwin.«

»Das hat er *niiiie* gesagt!«

»Doch, hat er!«

»Hat er nicht!«

»Hat er doch!«

»Ich kenn das weder mit Erwin noch mit Zufluss.«

»Meine Damen«, mische ich mich ein: »nicht Zufluss, sondern Servus.«

»Und was soll ein Servus sein?«, will Helga wissen.

»Das ist ein Gruß, wie er zum Beispiel in Österreich verwendet wird«, sage ich und füge hinzu: »Soviel ich weiß stammt die Zeile ›Sag zum Abschied leise Servus‹ aus einem Lied von Peter Kreuder.«

»Also, der Erwin war nie in Österreich, nein, Sie müssen sich irren, das heißt eindeutig: Seid beim Abschied leise, Erwin.«

»Also, Helga, wenn der Mann da sagt, dass der Kerl nicht Erwin, sondern Servus hieß, dann lass uns das doch schreiben: Seid beim Abschied leise, Servus.«

»Ich kenne keinen Servus, und unser Erwin hieß Erwin, und so soll es auch in der Anzeige stehen.«

»So, und was soll der Spruch Ihrer Meinung nach bedeuten?«, frage ich vorsichtig, und Helga hat auch eine Antwort parat:

»Das soll bedeuten, dass wir jetzt still und leise um ihn trauern sollen.«

»Dann könnte man aber auch einfach schreiben: In stiller Trauer«, gebe ich zu bedenken.

Hannelore formt mit den Lippen stumm »In stiller Trauer« nach und nickt. Helga überlegt kurz und sagt dann:

»Ja oder so, das ist auch nicht schlecht.«

Puuh, Glück gehabt. Also wird der Erwin morgen in stiller Trauer in der Zeitung stehen. Gut, wenn die beiden Damen es partout gewollt hätten, wäre die Anzeige auch mit »Seid beim Abschied leise, Erwin« erschienen, aber so ist es besser, vor allem, weil die Schwestern auf einmal wieder ganz versöhnlich miteinander umgehen. Und das haben sie nur dem Mann da zu verdanken.

DU BIST EIN GANZ FEINER!

Nicht immer sind Kunden am Telefon seltsam oder glänzen allein durch merkwürdige Gespräche; manche entpuppen sich auch beim Beratungsbesuch des Bestatters in ihrer heimischen Umgebung als sehr skurril. Eines Tages war ich bei der Familie Peters zu einem solchen Besuch und konnte später die folgende Geschichte erzählen.

Bei Familie Peters hängt der Haussegen schief. Nein, die Peters haben keinen Streit, sondern einen streng katholischen Heiligen in der Zimmerecke hängen, und unten an dem Heiligen ist so ein kleines, offenes Gefäß dran, und weil der Heilige schief hängt, tropft mir Weihwasser in den Nacken.

»Ach Gottchen, Ihnen wird ja ganz nass um die Schultern!«, hechelt Frau Peters und springt sofort auf, um mir meinen Hemdkragen mit einem nach Moder riechenden Spüllappen auszutupfen. Ich will mich wehren, doch da springt ihr schon ihr Ehemann, der dicke Gunnar, zu Hilfe und stopft mir frisch von der Rolle gerissene Küchenpapiertücher in den Kragen.

»Mensch, Rita, watt mach'se auch Wasser in den Blasius!«, schimpft er und hängt den Heiligen wieder gerade. »Du weiß' doch, datt'er Blasius immer am Tropfen is, wenn er mal'n bissken schief hängt.«

Doch seine Frau lacht nur und sagt: »Wenigstens kricht er gezz kein Schluckauf mehr«, und an mich gewandt: »Können Se jetzt Fisch essen, so viel Sie wollen, da bleibt keine Gräte mehr stecken. Der Blasius hilft nämlich gegen Ersticken und Erwürgen und so.«

»Kommen Se, setzen Se sich hier drüben hin, da auffe Eckbank, auffe bequeme Decke, da sitzen Se sowieso am bequemsten. Ich sitz da auch immer oft, wenn ich kreuzworten tu«, sagt Herr Peters und schiebt mich um die Ecke auf die Eckbank.

Unterdessen ist der unglaublich fette Peters'sche Dackel »Saruman« wegen des hektischen Gerennes und Gewisches aus seinem Mittagsschläfchen erwacht und versucht mein Bein zu rammeln.

»Saruman, lass datt, der Mann will datt nich'!«, ruft Herr Peters, und sein Dackel gehorcht ihm aufs Wort, unterlässt auf der Stelle das Rammeln und beißt mir stattdessen mehrfach leicht in die Ferse des Fußes am Ende meines anderen Beins. »Der will immer nur spielen«, sagt Frau Peters und wirft Saruman eine rote Kaustange hin: »Da, Saruman, nimm Leckerli!«

»Das tut aber ganz schön weh«, sage ich und reibe meine Achillessehne.

»Ach watt, datt meinen Sie nur, der is ja klein, der macht nix«, sagt Herr Peters und schiebt die kauende Fettwurst mit dem Fuß ein Stück zur Seite.

»Sitzen Se auch bequem?«, fragt Frau Peters. »Dann können wer ja gezz endlich über die Beerdigung vom Oppa sprechen, wenn der mal stirbt.«

Doch, bequem ist es auf der Eckbank, und die Decke ist schön weich. Ich lege meine Unterlagen auf den Tisch und notiere im Stillen, dass ich zu Hause alles wieder abwaschen muss, denn der Küchentisch der Familie Peters muss seit Generationen der Zubereitung von zuckrigen, klebrigen und gleichzeitig fettigen Speisen gedient haben, ohne auch nur ein einziges Mal abgewischt worden zu sein. Jedenfalls kann ich meine Kunststoffmappen nicht auf der Resopal-Oberfläche hin und her schieben, sondern muss sie immer erst anheben, bis sie sich schmatzend vom klebrigen Untergrund lösen. Ich versuche es zwar zu vermeiden, dass ich mit den Handgelenken oder den Händen an die Tischoberfläche komme, doch merke ich nach kurzer Zeit, dass meine Finger zusammenkleben, so als würden mir Schwimmhäute wachsen.

Ich bin gerade dabei, den Katalog mit den schönsten Sarggestecken über den Tisch zu schmatzen, da springt der Dackel neben mich auf die Eckbank und macht einen krummen Rücken. Mit den Füßen scharrt er sich ein Stück von der Wolldecke zu einem Klumpen zusammen und beginnt, sich mit rhythmischen Bewegungen an der Decke irgendeine Form von Erleichterung zu verschaffen. Jedenfalls verdreht er voller Wonne die Augen und hechelt ein glückliches und kurzatmiges Keuchen aus seinen Lungen hervor.

»Nich' dran stören, datt macht der immer mittachs, datt braucht der zweima' am Tach«, sagt Herr Peters, und ich erwidere angewidert: »Aber doch bitte nicht direkt neben mir! Können Sie das Tier nicht runtertun?«

Frau Peters ist entsetzt ob meiner mangelnden Tierliebe, meiner grausamen Ablehnung der Annäherungsversuche ihres dauergeilen Wursthundes und meiner klaren Worte: »Na hören Se mal, der macht datt jeden Tach ein paarmal, der Saruman is datt so gewöhnt, Sie sitzen ja schließlich auch auf seine Decke.«

Ich notiere weiterhin im Stillen: »Anzug in die Reinigung bringen, duschen – aber mit Chlor!«

Ganz plötzlich fällt mir ein, dass ich ganz wichtige Unterlagen vergessen habe. Ich packe meinen schmatzenden Kram zusammen und mache mit den Peters auf der Stelle einen Termin bei uns im Büro aus.

»Können'wer den Saruman mitbringen?«

Nein, können sie nicht, ich sagen denen, dass unser Hund fast vierzig Kilo schwer ist und mit Vorliebe Dackel verspeist.

»Dann kommen'wer eben ohne unser Schätzelken, ne Saruman, dann bleibste ein Moment alleine, wenn wir bei den Onkel sind. Ja, mein Dickerchen, du bist ein ganz Feiner!«

GEHEIMPOLIZEI

Frau Tietze heißt eigentlich gar nicht Frau Tietze, sondern Frau Herzog. Das kommt in erster Linie daher, dass sie mit dem Herrn Herzog verheiratet war. Der ist jetzt tot und ihm ist das alles egal. Manch einem ist so was aber nicht egal, und der wird jetzt vielleicht sagen, dass Tietze ja eventuell der Mädchenname der Frau Tietze-Herzog sein könnte.

Ist aber nicht so. Frau Tietze ist eine geborene Semmel-back. Aber ihre Mutter war eine geborene Tietze, und genau da nimmt sie sich diesen Namen her.

Ja, sie nimmt ihn sich her, sie heißt tatsächlich ganz echt Herzog mit Nachnamen, und so stellt sie sich natürlich auch jedermann vor: »Tach, ich bin die Frau Herzoch.«

Und wo kommt jetzt das Tietze-Gedöns ins Spiel?

Genau hier:

Also, Frau Herzog hat ihren Mann verloren und war mit mir auf dem Friedhof, wo der Gute in seiner kühlen Zelle liegt und auf die letzten Akte der Abschiednahme wartet. Sie wollte da nicht alleine hin, also habe ich die Frau begleitet und anschließend nach Hause gebracht.

Ich bringe sie bis zur Haustür und will mich gerade verab-schieden, da legt sie den Zeigefinger der rechten Hand vor den gespitzten Mund und macht »Pscht!«

Ich verharre kurz, warte, und sie schließt ganz vorsichtig auf.

»Warten Se mal kurz.«

Ich nicke.

Auf was lauert sie? Auf irgendein Haustier? Auf Einbre-cher?

Sie tastet nach dem Lichtschalter, und als das Licht angeht, tritt sie zwei Schritte ins Haus und bleibt wieder stehen. Nun ruft sie: »Hier ist die Frau Tietze, nicht die Frau Herzog!«

Dann dreht sie sich zu mir um und sagt: »So, jetzt können Se gehen.«

Nein, kann ich nicht. Ich will wissen, was es mit diesem Tietze-Herzog-Gedöns auf sich hat.

Warum ruft jemand so was in ein leeres Treppenhaus?

»Weil da die Gestapo unter meiner Treppe wohnt, also jetzt nicht in echt, aber die sind da drin, und die warten auf mich und wollen mich holen. Die warten aber auf mich, nur auf mich, und wenn ich denen sag, ich wär die Frau Tietze, dann wissen die ja nicht, dass ich das bin, und lassen mich nach oben gehen. Sonst kommen die aus der Treppe raus und ziehen mich an'ne Füße.«

»Soll ich Sie nach oben bringen?«

»Ja, warum datt denn? Meinen Se ich bin bekloppt oder watt?«

Ach was, Frau Tietze, Sie doch nich!

ANGST VOR BIG BROTHER

Im Sanitärbereich für Kunden, Abteilung Damen, hängt ein kleiner Duftspender über der Tür. Dieser kleine Apparat hat einen Bewegungssensor und versprüht beim Öffnen der Tür einmal kurz einen Hauch von Meeresbrise. Danach fällt er wieder in Tiefschlaf und harrt des nächsten Besuchers, oder, um genau zu sein: der nächsten Besucherin.

Diesem Harren verleiht das kleine Teil durch das Blinken eines winzigen grünen Lämpchens Ausdruck: »Hallo, ich harre hier so vor mich hin, und meine Batterie ist dolle voll.«

Der Kundin Frau Hoppinger-Lehmkuhl war dieses aufdringlich grün blinkende Harren dann doch etwas zu viel, und sie kommentierte einen Besuch unserer keramischen Sitzabteilung anschließend mit den Worten: »Sie müssen aber nicht glauben, dass ich das Google-Teil über der Tür nicht gesehen habe. Aber was soll ich sagen? Man wird ja heute überall überwacht. Hauptsache, der kann nicht in die Kabinen reingucken.«

Nee, kann er nicht. Dafür haben wir Unterwasserkameras von Google Kloview.

ALLERGIE

Manchmal ergeben sich etwas merkwürdige oder bemerkens-
werte Fragestellungen auch direkt im Bestattungshaus, beispielsweise anlässlich eines Beratungstermins für die eigene
Bestattungsvorsorge.

Ich kann gar nicht oft genug sagen, wie wichtig eine solche
Bestattungsvorsorge ist. Zum einen sind die offenen Fragen
dann endlich geklärt, und zum anderen hat man die finanziel-
le Absicherung unter Dach und Fach gebracht.

Für die meisten Menschen ist der Gang zum Bestatter und
der Gedanke, nun die eigene Beerdigung zu besprechen, eine
unangenehme Sache. Aber ich kann Ihnen versichern, wer
sich zu einem solchen Beratungsgespräch aufrafft, fühlt sich
hinterher erleichtert und von einer Sorge befreit.

So kommt es dann auch, dass die Leute anfangs oft zöger-
lich und zurückhaltend sind, um im Laufe des Gesprächs immer mehr aufzutauen. Wenn sie sich etwas gelöst haben, dann
trauen sie sich auch, etwas zu fragen.

»Wie ist das denn?«, will Frau Schubert wissen, »Mein Mann,
der hat so allerhand Allergien. Machen Sie das denn auch so,
dass er nicht wieder diesen Ausschlag bekommt?«

Herr Schubert sieht das mit etwas mehr Abstand und
schüttelt den Kopf: »Aber Hannelore, dann bin ich doch tot!«

»Ja, und? Du sollst doch aber nicht mit diesen roten Fle-
cken im Gesicht im Sarg liegen.«

Und an mich gewandt konkretisiert sie ihre Frage: »Sind
denn das Totenhemd und die Decke aus antiallergischem Material? Gibt es so etwas?«

Herr Schubert hat natürlich recht: Verstorbene zeigen
wirklich keine allergischen Reaktionen mehr, man könnte sie

in Asbest einwickeln, und es würde ihnen nicht schaden. Aber tatsächlich haben wir eine Decke, die ein BIO-Siegel trägt und die ich dem Ehepaar zeigen kann.

Frau Schubert ist begeistert und will, dass wir genau die für ihren Mann nehmen. Der steht hinter seiner Frau, verdreht die Augen und tippt sich an die Stirn: »Himmel!«

»Was? Sagtest du was, Hugo?«

»Ich? Nein.«

»Du hast doch Himmel gesagt, oder?«

»Ja, ja, ich hoffe, ich komme dann auch in den Himmel.«

»Mit so einem schönen Deckchen bestimmt!«

»Dann is' ja gut.«

FARBIG

Hierzulande ist es üblich, dem Verstorbenen den Anschein einer schlafenden Person zu geben. Das Totenhemd, der sogenannte Talar, erinnert im weitesten Sinne an ein verziertes Nachthemd, der Sarg wird mit Kopfkissen und Decke ausgestattet und auch die für das Sterben gebräuchlichen Euphemismen, wie zum Beispiel das Wort »entschlafen«, weisen auf diesen Umstand hin.

Das ist übrigens auch der Grund, warum man Verstorbenen in den meisten Fällen keine Brille mehr aufsetzt und ihnen, obwohl die Herren vielleicht einen Anzug tragen, keine Schuhe mehr anzieht.

In anderen Ländern ist das anders. Amerikaner zum Beispiel sehen oft im Sarg schöner aus, als sie es zu Lebzeiten je getan haben. Sie werden einbalsamiert und geschminkt, so dass sie ein bisschen wie Hollywood-Schauspieler aussehen. Ein zufriedener Gesichtsausdruck ist obligatorisch, und durch den fast schon übertriebenen Einsatz von Kosmetik schauen sie aus, als würden sie im nächsten Moment quicklebendig aus dem Sarg steigen.

In Italien gilt es weithin als absolut notwendig, dass der Verstorbene einen nigelnagelneuen Anzug und ein paar gute neue Lederschuhe trägt, deren Sohlen absolut frei von Laufspuren sind.

Aber natürlich kann man sich vorstellen, dass nicht jede Familie sich diese Investitionen in an und für sich überflüssige Kleidung leisten kann. Schon deshalb hat sich rund um das Sterben in Italien ein ganzer Berufszweig entwickelt, der Anzüge aus minderwertigen Stoffen als Blender herstellt. Die Nähte würden keiner Bewegung standhalten, und diese Kleidungsstücke sind wirklich nur für die Aufbahrung im Sarg geeignet. Oft besteht der Rücken aus andersfarbigem, noch billigerem Stoff, und sowohl Kragen als auch Taschen sind nur angedeutet.

Auch die Schuhe sehen nur auf den ersten, sehr flüchtigen Blick so aus, als seien sie aus Leder. In Wirklichkeit bestehen sie aus bedruckter, geschickt geformter und verleimter Pappe. Im Sarg wirken diese Treter durchaus echt, aber laufen könnte man damit wohl kaum, denn nach den ersten paar Schritten gehen die Pappschuhe entzwei.

Betrug an den Angehörigen ist das nicht, denn die wissen ja, dass sie für einen geringen Geldbetrag nur Sachen bekommen, die einen gewissen Anschein erwecken sollen. Man macht dies, um die Tradition der neuen Kleidung zu wahren, gleichzeitig aber auch, um gehörig Geld zu sparen. Solche Anzüge kosten kaum zwanzig Euro, und so ein Paar Schuhe gibt es ab drei Euro.

Ein Betrug wurde erst daraus, als Anfang der neunziger Jahre einige clevere Geschäftsleute aus der Bestattungsbranche mit Lastwagen voller italienischer Anzüge und Schuhe in die neuen Bundesländer fuhren und auf Marktplätzen den in westlichem Kommerz unerfahrenen Ostdeutschen tonnenweise Herrenanzüge für fünfzig Mark und Schuhe für fünfundzwanzig Mark andrehten.

Dass sie da minderwertige, nur dünn vernähte Anzüge gekauft hatten und dass die Schuhe nichts taugten, haben die meisten Käufer erst gemerkt, als die windigen Abzocker längst über alle Berge waren und schon in der übernächsten Stadt ihren Schund direkt vom Lastwagen verschleuderten.

Von all diesen Begebenheiten weiß aber Frau Fiedler nichts. Sie hat ihren Mann Egon zu betrauern und steht im Ausstellungsraum eines Bestattungsinstitutes. Dort hat sie bereits eine geschmackvolle Truhe in Eiche rustikal ausgesucht und sich für ein Totenhemd in Mintgrün entschieden.

Dann wendet sie sich den Sargausstattungen zu und tippt mit etwas krummen, gichtigen Fingern auf eine Kombination aus Kopfkissen und Decke in Zartrosa: »Die da nehme ich.«

»Frau Fiedler, ich fürchte, das wird etwas bunt«, wende ich vorsichtig ein, denn das Mintgrün und das Zartrosa beißen sich heftig.

»Ja, wieso das denn? Da kommt noch ein blauer Blumenstrauß oben drauf, und das sieht dann sehr hübsch aus.«

»Gut, wenn Ihnen das so gefällt, dann machen wir das, aber eigentlich gibt es zu dem mitgrünen Talar auch eine Herrendecke in passendem Farbton. Die ist mittelgrau und hat schmale mintgrüne Mäanderstreifen am Rand.«

»Wollen Sie damit sagen, dass ich keinen Farbgeschmack habe?«

»Nein, nein, Sie haben wirklich schöne Sachen ausgesucht, nur das Zartrosa passt vielleicht nicht so ganz.«

»Das ist kein Zartrosa.«

»Nein?«

»Nein! Das ist das berühmte Rosa. Wissen Sie, mein Mann und ich sind doch so gerne ins Ausland gefahren, und ganz besonders gerne sind wir nach Luxemburg gefahren. Da waren wir siebenundzwanzig Jahre in derselben Pension. Also jetzt nicht ständig, sondern nur im Urlaub, immer so für acht Tage. Nein, warten Sie, 1997 waren wir auch mal vierzehn Tage dort.«

»Aha.«

»Und deshalb muss das Rosa sein.«

»Deshalb?«

»Ja, kennen Sie denn Rosa Luxemburg nicht? Diese weltberühmte, sprichwörtliche Farbe? Dieses Rosa will ich für meinen Egon.«

»Wenn Sie das so sagen, dann soll das so sein.«

DIE SACHE MIT DEM NÄCHTLICHEN FINGER

Eben ist Frau Schuck wieder nach Hause gegangen. Seit Jahren bieten wir so im Nebenbeigeschäft Solar-Grablichter an. Es ist ja auch schön, wenn abends auf den Gräbern die vielen kleinen roten Kerzen flackern.

Am meisten macht man das ja an Allerheiligen. Nun habe ich genau an diesem Tag Geburtstag, also war an meinem Geburtstag natürlich stets ein Besuch bei den Großeltern auf dem Friedhof fester Bestandteil des Tagesablaufs. Wir gingen immer gegen Abend, steckten zwei Blechlaternen an gebogenen Haltern in die Erde und stellten rote Kerzen hinein.

Schön! Die vielen Lichter, Klasse! Ich habe wenigstens die ersten sechs Jahre meines Lebens gedacht, die Leute machen das alle nur, weil ich Geburtstag habe.

Im Kindergarten hatte mir Agnes, ein potthässliches Mädchen mit Pfannkuchengesicht, das ich damals heiraten wollte, erzählt, dass sie Geburtstag hat. Das war irgendwann im Mai. Natürlich habe ich sie mit großen Augen gefragt, ob sie ihren Geburtstag nach dem schönen Nachmittag, den Geschenken und dem Kaffeetrinken dann auch immer mit roten Kerzen auf dem Friedhof feiert.

Unsere Kindergartennonne war entsetzt, und ich musste als frühkindlicher Grufti draußen im Gang bei der blattlosen Yucca-Palme in der Ecke stehen.

Es hat sich aber nichts geändert, ich finde die roten Dauerbrenner immer noch schön. Doof ist nur, dass diese Kerzen nicht wirklich dauernd brennen. Entweder schmilzt seitlich das rote Plastik und die ganze Paraffinpampe läuft raus, oder der Docht brennt schneller als das Paraffin und versinkt irgendwann verlöschend in der Masse. Brennt so ein Ding wirklich mal richtig, dann ist der »Spaß« nach ein paar Stündchen vorbei. Selbst dann, wenn »Dreitageslicht« draufsteht.

Die Solar-LED-Lichter sind da praktischer. Tagsüber lädt die Solarzelle das Ding auf, und bei einsetzender Dunkelheit schaltet ein Sensor das flackernde Lämpchen an. Wenn sie nicht geklaut werden, halten sie fast ewig.

So: Und davon hatte Frau Schuck sechs Stück gekauft. Für jedes ihrer vorverstorbenen Geschwister eins. Und nun kam sie und reklamierte.

»Die gehen nicht.«

»Die müssten aber funktionieren, wir hatten sonst noch keine Klagen.«

»Die gehen aber nicht.«

»Tagsüber laden die sich auf, und dann leuchten sie im Dunkeln.«

»Was?«

»Am Tag aufladen, nachts Licht.«

»Wie?«

»Nur abends!«

»Was, nur am Abend?«

»Ja, nur im Dunkeln.«

»Ach so. Am Tag leuchten die gar nicht?«

»Nee.«

»Nur am Abend?«

»Genau.«

»Können Sie mir das mal zeigen?«

Ich nehme eine Lampe aus der Schachtel, ein bisschen sind sie ja immer vorgeladen. Mit dem Finger halte ich den kleinen Sensor an der Seite zu, und schon leuchtet das Flackerbirnchen.

Frau Schuck nickt: »Sehen Sie, die ist auch schon kaputt.«

»Wieso das denn, die leuchtet doch wunderschön.«

»Ja, aber jetzt is' Tag, und Sie haben gesagt, die geht nur am Abend.«

»Nee, die fangen dann an zu leuchten, wenn auf den Sensor da an der Seite kein Licht mehr fällt. Wenn's draußen dunkel wird, ist das der Fall, und dann leuchtet oben schön das Lämpchen.«

»Es ist aber jetzt draußen nicht dunkel. Meinen Sie, ich bin blöd, nur weil ich alt bin?«

»Um Himmels willen, so etwas würde ich niemals annehmen, das eine schließt das andere ja nicht aus.«

»Was?«

»Nix.«

»Dann ist ja gut.«

»Also, Sie haben jetzt gesehen, wie das funktioniert.«

»Schon …«

»Aber?«

»Auf dem Friedhof, die gehen nicht.«

»Nur abends!«

»Da bin ich doch gar nicht mehr auf dem Friedhof.«

»Tagsüber laden die sich nur auf.«

»Und abends tun die dann leuchten?«

»Jaha!«

»Sicher?«

»Ganz bestimmt.«

»Können wir da mal hingehen?«

»Wohin?«

»Auf den Friedhof? Dass Sie mir mal zeigen, wie das geht?«

»Hab ich doch gerade erst gemacht. Gucken Sie: Finger drauf, Licht an. Finger weg, Licht aus.«

»Ja glauben Sie denn, ich steh die ganze Nacht auf dem Friedhof rum und mach Finger drauf und Finger weg?«

»Das macht das Ding doch alles ganz von alleine.«

»Sie müssen sagen, wenn ich Sie nerve, aber ich bin eine alte Frau, und ich kenne mich mit dem ganzen neuen elektrischen Zeug nicht aus.«

»Nein, Sie nerven auch nicht mehr als andere, die auch nichts verstehen.«

»Was?«

»Nix.«

»Dann ist ja gut. Also nochmal, wie geht das jetzt?«

»Tagsüber scheint die Sonne, und das Licht wird in Strom umgewandelt und in der Lampe drin gespeichert. Abends, wenn es dunkel ist, dann merkt das der Sensor und schaltet die Lampe ein. Dann leuchtet die, und der Akku gibt langsam den Strom ab. Am nächsten Tag lädt sich das wieder auf und so weiter.«

»Ach so, dann haben Sie ja den Fehler gemacht.«

»Wieso?«

»Ja, so'n Akku haben Sie mir gar nicht mitgegeben.«

»Der ist doch fest in der Lampe unten drin.«

»Und den muss man aufladen?«

»Nein!«

»Haben Sie aber grade gesagt! Kann das sein, dass Sie sich auch nicht auskennen?«

»Dohoch!!!!«

»Wass denn jetzt? Muss man den aufladen oder nicht?«

»Das macht der von alleine, der ist da ganz innen drin. Sie müssen nix machen, einfach die Lampe auf das Grab stellen und abwarten. Wenn der Akku tagsüber voll geworden ist, geht abends das Licht an.«

»Hab ich aber noch nie gesehen.«

»Sind Sie denn abends auf dem Friedhof?«

»Nee, dann ist ja auch abgeschlossen.«

»Eben. Aber die Lampe brennt trotzdem.«

»Und wer, bitteschön, macht immer den Finger drauf und wieder runter? Ist doch abends abgeschlossen. Hören Sie mir eigentlich nicht zu?«

Ich muss mir unbedingt so eine eigene Einäscherungsanlage einbauen lassen, unbedingt!

WIE AUS STUTTGART FRANKFURT WURDE

»Wir haben immer alles aus Eiche gehabt, immer aus Eiche.«

»Der hier wäre zum Beispiel aus Eiche, stabil, sehr schön verziert und auch vom Preis her durchaus annehmbar.«

176

»Muss aber Eiche sein, mein Mann und ich hatten immer alles aus Eiche.«

»Der ist aus Eiche.«

»Wir waren ja nie bei IKEA, da gibt es ja Eiche nur aufgeklebt aus Plastik.«

»Wie schon gesagt, der hier ist aus Eiche, der hier drüben auch.«

»Eiche, das war meinem Mann wichtig.«

»Ich sagte ja schon, dass das hier alles Eichenmodelle sind. Dieser hier, der da und der hier auch.«

»Wenn Sie keine Eiche haben, dann gehe ich woanders hin.«

»Wir haben doch welche aus Eiche.«

»Sogar unser Fernsehschrank war aus Eiche, das hält ewig, genau wie unser Schlafzimmer; das ist noch von den Eltern meines Mannes, und mein Schwiegervater hat über hundert Kilo gewogen, so stabil ist Eiche.«

»Die hier …«

»Na, dann zeigen Sie mir mal was aus Eiche.«

»*Die hier …*«

»Sind die aus Eiche?«

»Jaha.«

»Das ist gut! Hatte ich Ihnen schon gesagt, dass wir nur Eiche wollen?«

»Ja, ich glaube schon.«

»Ach was.«

»Doch.«

»Eiche ist ja auch viel stabiler.«

»Ja.«

»Und der hier, ist der auch aus Eiche?«

»Ja.«

»Der ist doch hübsch. Den nehm ich.«

»Gut, das ist das Modell ›Frankfurt‹.«

»Frankfurt?«

»Ja, die Sargmodelle haben Städtenamen.«

»Und warum ausgerechnet Frankfurt?«

»Ist halt so.«

»Das ist ja wohl mal überhaupt kein Grund. Sie müssen doch wissen, warum Sie den hier Frankfurt nennen und nicht etwa Stuttgart.«

»Stuttgart steht da drüben und ist aus Kiefer.«

»Und Stuttgart gibt es nicht in Eiche?«

»Nein.«

»Das ist aber schade. Mein Mann hatte eine besondere Beziehung zu Stuttgart.«

»Warten Sie mal, wenn ich recht überlege, gibt es den Frankfurt auch in einer Stuttgart-Ausführung, dann hat er zwei Griffe mehr.«

»Au, das ist ja toll. Der ist dann aus Eiche und heißt Stuttgart?«

»Ganz genau.«

»Warum sagen Sie das denn nicht gleich?«

»Ich bin manchmal so ein Schussel.«

DER SO AUSSIEHT WIE WER?

»Na? Jetzt gucken Sie doch mal ganz genau!«

Ich schaue mir Herrn Wörpel an, er wendet sich ins Halbprofil, reckt die Nase und will wissen: »Und? Erkannt?«

Nein, ich erkenne sie nicht, die angebliche Ähnlichkeit zu »dem, wo ganz berühmt ist«.

Als Bestatter lernt man Hunderte, wenn nicht Tausende von Leuten kennen. Manche vergisst man sofort wieder, andere bleiben in Erinnerung. Ich habe die Gabe, mir Gesichter und dazugehörige Namen ganz gut merken zu können; dafür erinnere ich mich immer ganz schlecht an Daten und Ereignisse. Also Historisches und Bedeutsames, das kenne ich und weiß ich, aber so was wie das Datum meiner Einschulung oder wann ich den Führerschein gemacht habe, das kann ich höchstens an irgendwelchen anderen Erinnerungen festmachen und zurückrechnen.

Bei Herrn Wörpel habe ich den Fehler gemacht, die vage Vermutung zu äußern, er käme mir irgendwie bekannt vor.

Und es ist keine Koketterie, wenn der Bestatter fragt, ob man sich nicht eventuell kennt, denn wenn der Kunde tatsächlich vor Jahren schon mal da war, dann hat man bereits eine Akte, kann alles Mögliche nachschlagen und erspart sich unter Umständen viel Arbeit und Nachfragerei.

Aber Meister Wörpel kümmert sich das erste Mal in seinem Leben um eine Bestattung, nimmt das auch noch sehr locker, da die angeheiratete Großtante, die da das Zeitliche gesegnet hat, kinder-, aber nicht mittellos gewesen ist und ihm Beträchtliches zu vermachen vermochte.

Die alte Dame hat er ewig nicht gesehen, bis sie vor einem Jahr ins Heim gekommen ist, und seitdem hat er sie wöchentlich mit Obstkörbchen und Blümchen bedacht, sie ab und zu zum Friseur und auch mal in den Zoo gefahren und sich so den Status als potenzieller Alleinerbe gesichert.

Warum auch nicht?

»Und? Hat's jetzt geklickt?«

Nein, es hat immer noch nicht geklickt. Wörpel hatte, als ich ihn darauf ansprach, er käme mir bekannt vor, gesagt: »Das geht mir immer so, ich seh' doch so aus wie *der*.«

»Wie wer?«

»Na, überlegen Sie doch mal!«

Doch so sehr ich auch überlegte und schaute, mir fiel partout niemand ein, der aussieht wie Wörpel, außer eben Wörpel selbst.

»Das müssen Sie doch aber sehen, *der* ist ganz bekannt. Ich sag nur Fernsehen …«

Herr Wörpel hält sich die rechte Hand vor den Mund, und hinter der Hand klingt seine Stimme dumpf hervor:

»Jetzt! Gucken Sie mal jetzt und denken Sie sich den Mund mal weg! Na?«

»Immer noch nicht«, gebe ich zu.

»Moment mal, und jetzt?« Wörpel hat sich mit der linken Hand die Haare nach hinten gedrückt und rollt mit den Augen: »So, jetzt mal ohne Haare, also nur hier vorne, die müssen Sie sich wegdenken … Früher hatte der mal mehr Haare.«

Müsste ich Herrn Wörpel beschreiben, dann könnte ich sagen, dass er aussieht wie eine Mischung aus Franz Beckenbauer und Franz Josef Strauß. Aber selbst die zur Beschreibung herbeigezogenen Prominenten reichen nicht aus, um ihn wirklich zu beschreiben. Die Nase hat er eindeutig von Inge Meysel, und die wird er ja wohl kaum meinen, denn er spricht ja immer von *ihm*.

Er nimmt die Hände vom Kopf und klatscht mit der flachen Hand auf den Tisch: »Na los! Strengen Sie sich doch mal an. Mensch, andere Leute sprechen mich auf der Straße an, ob ich nicht wer Berühmtes bin.«

»Da kann ich mich anstrengen wie ich will, ich komme beim besten Willen nicht drauf«, sage ich, und um ihn nicht zu brüskieren, füge ich hinzu: »Aber tatsächlich, Sie haben da so was Berühmtes an sich.«

»Ne, stimmt, oder?«

»Ja, ja, gewiss.«

»Und?«

»Ich weiß es nicht.«

»Gut, dann sag' ich's jetzt.«

»Meinetwegen, ich bin schon ganz gespannt.«

»Aber dann nicht lachen, ja?«

»Bestimmt nicht!«

»Wirklich nicht?«

»Nein, Ehrenwort.«

Er wendet sich ab, so dass ich sein Gesicht nicht sehen kann, fasst in die Anzugtasche und fummelt an irgendwas herum.

Eine Sekunde später dreht er sich zu mir um und hat eine Sonnenbrille auf, und mir schießt es durch den Kopf, ich weiß es in dieser Sekunde und sage ganz spontan: »Wolfgang Sauer!«

Enttäuscht nimmt er die Brille ab, und es liegt ein entsetztes Erstaunen in seiner Stimme, als er fragt: »Wer ist das denn?«

»Ein ganz berühmter Schlagersänger.«

»Kenn' ich nicht.«

Ich versuche abzuschätzen, wie alt Herr Wörpel ist, und komme mir mal wieder ganz fürchterlich alt vor. Immerhin lebt Wolfgang Sauer noch ...

»Jetzt gucken Sie aber nochmal!« Wieder setzt er die Sonnenbrille auf, bleckt dabei die Zähne und hält sich mit der einen Hand die Haare aus der Stirn.

Ich winke mit beiden Händen ab, schüttele energisch den Kopf und sage: »Schluss damit! Spannen Sie mich nicht weiter auf die Folter. Bitte!«

Er holt tief Luft und schaut sich um, so als wolle er sicherstellen, dass ihn kein anderer hören kann, und sagt mit gesenkter Stimme zu mir: »Stevie Wonder.«

Ich glaube, ich saß minutenlang mit offenem Mund da. Damit hatte ich nun wirklich nicht gerechnet.

»Sti… Sti…«, stammele ich, und Herr Wörpel nickt begeistert, dreht und wendet sich und freut sich sichtlich, dass nun auch ich ganz spontan die verblüffende Ähnlichkeit zwischen seinem bärtigen bajuwarischen Quadratschädel und dem schwarzen amerikanischen Sänger entdeckt habe.

Nun ja, sind wir mal ehrlich, eher sieht ein leerer Bierkasten aus wie Claudia Schiffer, als dass dieser Mann auch nur im Entferntesten eine Ähnlichkeit mit Stevie Wonder hat. Aber offensichtlich glaubt er das ganz fest und ist auch noch fürchterlich(erweise) stolz darauf. Was soll ich also sagen?

Ich sage: »Verblüffend!«

»Nicht wahr?«

»Sicher.«

Unterm Tisch presse ich mit aller Kraft meine Fingernägel in die schmale Fuge, die mein Übergewicht rund um meine Kniescheiben gelassen hat. Ich will mir selbst Schmerzen zufügen, ich brauche diesen Schmerz, sonst breche ich so laut und lang anhaltend in Gelächter aus, dass es den Mann beleidigen würde.

Trotzdem will es mir die Atemorgane hochglucksen, und ich muss alle Energie aufbringen, um meine Gesichtszüge in halbwegs erschlafftem Zustand zu halten.

»Jetzt, wo Sie's sagen«, sage ich und beschließe, mich sofort krampfhaft meinen Papieren zuzuwenden, sonst bekomme ich doch noch einen Lachkrampf. Und wenn ich mal einen Lachanfall bekomme, dann heißt das, dass sich deutlich über hundert Kilo Mensch auf dem Boden herumkringeln.

Während ich mit starrem Blick mein Formular betrachte und mich bemühe, an irgendetwas Schlimmes zu denken, um den Gedanken an Stevie Wonder aus dem Kopf zu bekommen, nimmt Wörpel seine Sonnenbrille ab und schaut mich nachdenklich an.

»Wenn ich mir Sie aber so anschaue, hm, irgendwie haben Sie was von …« Er stockt.

Hoffentlich sagt er jetzt nicht Lassie oder SpongeBob!

»Nee, mal jetzt im Ernst, wenn ich es nicht besser wüsste … Sie sehen eigentlich genau aus wie Roger Whittaker!«

Hm, hätte schlimmer kommen können!

VERHÜTUNG

Ich schaue eine Sterbefallakte durch, und mein Blick fällt auf das Feld, in dem der Beruf des Verstorbenen notiert ist. Dort hat eine Mitarbeiterin aufgeschrieben: »Verhütungsingenieur«.

Was bitte macht ein Verhütungsingenieur? Entwickelt der Kondome? Latexmaschinen?

Ein paar Stunden später ist die Witwe da und bringt den guten Anzug ihres Mannes. Er soll was Eigenes anziehen.

»Ich hätte da noch eine Frage zum Beruf Ihres Gatten«, beginne ich vorsichtig, und sie sagt sogleich: »Ja, der war ja viel im Ausland, der hat Hochöfen gebaut. Der war Verhüttungsingenieur.«

Was so ein simples »t« doch ausmachen kann.

EIN AUSSERGEWÖHNLICHER WUNSCH

Die Tage in einem Bestattungshaus ziehen sich oft dahin wie Kaugummi. Alle aktuellen Sterbefälle sind bearbeitet, der tägliche Verwaltungskram ist erledigt und es ist noch so viel Rest vom Tag übrig, dass man noch nicht »Feierabend« sagen kann.

Man wartet auf den nächsten Sterbefall. Das klingt für den Außenstehenden vielleicht etwas makaber, aber so ist das eben.

Der Bestatter hofft ja nicht darauf, dass bald jemand stirbt, sondern er hofft nur darauf, dass die Angehörigen von Menschen, die sowieso sterben mussten, den Weg zu seinem Bestattungsinstitut finden und den Auftrag nicht an einen Konkurrenten vergeben.

Gerade für ein kleineres bis mittleres Bestattungshaus kann schon das Ausbleiben von vier oder fünf Sterbefällen existenzbedrohend sein. Und wenn dann an einem Tag (in einer Woche oder einem Monat, je nach Größe des Unternehmens) gar kein Auftrag hereinkommt, wird der Chef mitunter auch schon mal ein bisschen nervös.

Erst nach Jahren der Tätigkeit in der Branche kommt man als Bestatter zu der Erkenntnis, dass immer ein Auftrag kommt und dass bestimmte Wartezeiten immer in eine Art Flut von Aufträgen münden.

Doch diese Erfahrung muss man erst einmal machen.

Es ist ein Tag im November; eigentlich doch eine gute Zeit zum Sterben. Draußen ist es kalt und dunkel, die Totengedenktage treiben die Leute sowieso auf den Friedhof; warum also nicht jetzt sterben? Los!

Aber auf die geheimen Wünsche des Bestatters und seiner Angestellten hört ja keiner ...

Die Türglocke verrät, dass jemand in die Halle gekommen ist.

Es ist ein Paar von etwa dreißig Jahren in langen Wintermänteln, die verlegen den frischgefallenen Novemberschnee von ihren Schultern, Mützen und Schuhen auf unsere Auslegeware tauen.

Ich begrüße die Leute und erfahre, dass es sich um das Ehepaar Schlotthauer handelt, das den Opa beerdigen lassen will.

Was denn das für ein Opa sei, erkundige ich mich und erwarte, dass nun einer von beiden sagt, es handele sich um seinen oder ihren Vater, doch die Schlotthauers schauen sich nur etwas ratlos an.

Wissen sie denn nicht, zu wem der Opa gehört?

»Sie müssen wissen«, beginnt Herr Schlotthauer, »dass das gar nicht unser richtiger Opa ist. Also, das ist jetzt nicht der Vater von mir oder von meiner Frau, sondern das ist jetzt mehr so ein Opa, den man nur Opa nennt. Wir haben nämlich beide keine Eltern mehr, und dieser Opa ist eigentlich der Mann von einer Freundin meiner Mutter.«

Es handelt sich also um einen Nenn-Opa, und der ist jetzt gestorben, und die Schlotthauers wollen sich um seine Beerdigung kümmern; ein netter Zug.

Ich bitte die beiden in eines unserer Besprechungszimmer und möchte ihnen die Mäntel abnehmen, aber sie wollen sie nicht ausziehen. Na gut, vielleicht ist ihnen kühl.

Der Rest ist schnell besprochen, das Ehepaar hat ziemlich genaue Vorstellungen, und selbst die Särge in unserem Ausstellungsraum möchten sie nicht sehen, ein Blick in den Katalog reicht aus, dann haben sie sich für ein mittleres Modell in Eiche rustikal entschieden.

»Hinsichtlich der Trauerfeier haben wir noch einen besonderen Wunsch«, sagt Frau Schlotthauer, und ich bemerke, wie sie ihren Mann am Ellbogen anstupst.

Der hüstelt etwas verlegen und sagt dann: »Können wir …«

Er stockt, und ich lächele ihm aufmunternd zu.

Nun ergreift sie das Wort und sagt: »Ja, das ist so, wir hätten gerne ...«

Er unterbricht sie und setzt den Satz fort: ... »gewusst, ob wir unseren Opa nackt beerdigen können.«

»Nackt?« frage ich zurück, und beide nicken heftig und machen ganz gespannte große Augen.

»Also ganz ohne was an, ohne Kleidung?«, erkundige ich mich nochmals und lege mir im Kopf schon die Antwort zurecht.

Die Schlotthauers nicken, fassen sich gespannt an den Händen und erwarten wohl, dass ich ihnen jetzt Schwierigkeiten mache.

Doch weit gefehlt, denn dieser Wunsch wird nicht das erste Mal an mich herangetragen, und wir hatten schon den einen oder anderen Nudisten, der in seinem letzten Willen verfügt hatte, er wolle unbedingt nackt beerdigt werden.

Warum sollte das nicht gehen? Nackt sind wir auf die Welt gekommen, warum also sollte man nicht auch nackt von dieser Welt gehen dürfen?

Gut, so viel ist klar, falls die Familie eine Aufbahrung mit offenem Sarg wünscht, wird eine Decke den nackten Körper bedecken, das gebietet der Anstand. Aber sonst steht diesem Wunsch nichts im Wege.

Mit so etwas können die Schlotthauers mich nicht sprachlos machen.

»Das ist überhaupt kein Problem«, sage ich dem Ehepaar, lehne mich zufrieden in meinem Sessel zurück und warte auf die Reaktion.

Die sollte nun in Zufriedenheit und Erleichterung bestehen.

Doch die Schlotthauers sind verwirrt.

»Ja, ehrlich jetzt?« fragt Frau Schlotthauer. »Weil wir nämlich schon beim Friedhofswärter angerufen haben und uns
erkundigt haben.«

Herr Schlotthauer fügt hinzu: »Und der hat gesagt, dass so
ein Schweinkram bei ihm nicht in die Tüte kommt, so was
habe er ja noch nie gehört, und außerdem sei das ja sowieso
um diese Jahreszeit viel zu kalt.«

Ja, ja, die Friedhofsverwalter … denke ich und stelle mir
vor, wie der dicke, immer schwitzende städtische Bedienstete
auf unserem hiesigen Friedhof in seinem überhitzten winzigen Büro hockt und einen solchen Anruf von Angehörigen
bekommt. Alles, was von der Norm abweicht, was nicht nach
Schema F abläuft, ist ihm zunächst einmal suspekt.

»Machen Sie sich keine Gedanken«, sage ich zu den
Schlotthauers, »das geht den Friedhofsverwalter gar nichts
an. Wie Ihr Opa in seinem Sarg liegt, das hat den gar nicht zu
interessieren und außerdem … um es mal ganz offen zu sagen,
die Kälte, die um diese Jahreszeit auf dem Friedhof herrscht,
die dürfte dem Verstorbenen am allerwenigsten ausmachen.«

»Ich glaube, Sie verstehen uns nicht«, meldet Frau Schlotthauer Zweifel an.

»Doch natürlich, Sie möchten Ihren Opa nackt beerdigen.«

»Genau!«

»Ja, davon rede ich doch auch. Er hat dann im Sarg nichts
an.«

»Stimmt, der war … das heißt, wir sind alle im Nudisten-
verein ›Zur freien Sonne‹, und unser Opa war dort so etwas
wie der Vordenker, und deshalb wollen wir ihn standesgemäß
beerdigen.«

»Nackt.«

»Ja, eben.«

»Sag ich doch, der hat dann nichts an.«

»Ja, der auch nicht.«

»Wie, der auch nicht?«

»Ja, der Opa soll schon nackt sein, da haben Sie recht, aber ...«

»Aber was?«

»Wir wollen den Opa nackt beerdigen.«

»Das habe ich verstanden.«

»Nee, haben Sie nicht. *Wir* wollen ihn nackt beerdigen.«

»Wie, wir?«

»Ja, also, wir hätten dann auch alle nix an.«

»Wie jetzt, alle nackt?« Vor meinem inneren Auge sehe ich eine ganze Trauergemeinschaft von Nackten. Allmählich verstehe ich den Friedhofsverwalter, und jetzt haben es die Schlotthauers tatsächlich geschafft, mich doch für ein paar Sekunden sprachlos zu machen.

»Ja, wir wären dann alle nackt, das würde unserem Vereinsgedanken und unseren Idealen entsprechen.«

»An wie viele Nackte hätten Sie denn da so gedacht«, erkundige ich mich; weniger um die Zahl zu erfahren, als vielmehr, um etwas Zeit zu gewinnen.

Frau Schlotthauer steht auf, beginnt ihren Mantel aufzuknöpfen und sagt dabei: »So fünfundzwanzig Personen würden da kommen, wir haben daheim schon eine Liste gemacht.«

»Hören Sie auf, hören Sie bitte auf«, sage ich, als ich merke, dass die Frau unter ihrem Mantel offensichtlich nichts anhat. Sie ist etwas enttäuscht, das merkt man, aber sie setzt sich wieder.

Inzwischen habe ich meine Fassung wiedergefunden und erkläre dem Ehepaar Schlotthauer, dass das nun wirklich nicht geht. Man kann nicht mit fünfundzwanzig nackten Leuten eine Beerdigung auf einem öffentlichen Friedhof abhalten.

Ob der Verstorbene in seinem Sarg nun ein dünnes Totenhemdchen an hat oder ob er unter seiner Sargdecke nackt ist, das spielt keine große Rolle, und diesen speziellen Wunsch können wir dem alten Sonnenanbeter ganz sicher erfüllen. Aber die Trauergemeinde muss doch bitteschön bekleidet sein, das gebietet schon die öffentliche Ordnung, und alles andere könnte von anderen Friedhofsbesuchern auch als pietätlos empfunden werden.

Das sage ich den Schlotthauers, und die können aus ihrer Enttäuschung nun auch keinen Hehl machen.

»Das ist aber schade«, sagt sie und schiebt schmollend ihre Unterlippe vor. Er hat glücklicherweise mehr Verständnis und sagt zu ihr: »Siehst du, Mausespatz, ich hab dir doch gleich gesagt, dass das nicht geht.«

»Und außerdem ist das sowieso zu kalt«, wende ich ein. »Um diese Jahreszeit haben wir schon Frost, da kann man doch nicht eine Stunde nackt in der Trauerhalle sitzen und am Grab stehen.«

»Das hat ja überhaupt nichts mit Erotik zu tun«, schmollt Frau Schlotthauer immer noch.

»Ich weiß«, sage ich, »das ist mir bekannt, aber Sie werden doch alle krank, wenn Sie bei diesem Wetter nackt in der nassen Kälte stehen, wir haben ja schließlich November.«

Der Gedanke an die Kälte lässt Frau Schlotthauer frösteln, und sie zieht ihren Mantel eng um sich und knöpft ihn wieder zu.

Die beiden reden leise miteinander, und ich nutze die Zeit, um weitere persönliche Daten des Verstorbenen auf unseren Formularen einzutragen.

Nach wenigen Minuten ergreift Herr Schlotthauer wieder das Wort: »Aber der Opa wäre nackt?«

»Ja sicher, der Opa wäre nackt, das ist überhaupt kein Problem.«

»Und wenn wir jetzt unter unseren Mänteln … also so wie heute, dass es keiner sieht …«

»Das wäre auch kein Problem, aber die Mäntel bleiben an!«

»Ja, gut, die Mäntel bleiben an.«

»Aber die bleiben wirklich an!«

»Ja, versprochen.«

Ich meine, man weiß ja auch sonst nicht, was die Leute unter ihren Mänteln an haben. Und irgendwo unter unserer Kleidung sind wir ja alle nackt. Und ich finde, der Anstand gebietet es, dass man bei einer Beerdigung etwas anhat, aber es steht ja nirgendwo geschrieben, wie viel Kleidung man über seiner Nacktheit tragen muss.

Übrigens: Die Trauerfeier und die Beerdigung des »Opas« ist sehr schön gewesen. Der alte Mann lag wunschgemäß ohne Bekleidung unter seiner Decke, und die Trauergäste haben sich nicht anders benommen als die bei anderen Beerdigungen auch. Nur wenn man ganz genau hingeschaut hat, konnte man bei dem einen oder anderen erahnen, das der- oder diejenige eventuell unter dem langen dunklen Mantel nichts angehabt hat.

Geht doch! Man muss als Bestatter oft nur Kompromisse vorschlagen.

NOCH EIN AUSSERGEWÖHNLICHER WUNSCH

»Sie müssen das auch schneller drehen!«

»Ich rühre doch schon, so schnell ich kann.«

»Schneller!«

»Schneller geht nicht.«

»Noch schneller!«

»Dann schwappt es aber über.«

»Dann schwappt es eben ein bisschen über, das macht doch nichts, schneller!«

»Ich kann nicht mehr, mir fällt gleich der Arm ab.«

»Mein Gott, was sind Sie für'n Weichei.«

Das sagt Frau Himmelgarth-Rockstroh zu mir, stampft energisch mit dem rechten Fuß auf und macht dabei einen beleidigten Schmollmund. Das Wasser im Eimer beruhigt sich nur langsam.

Man stelle sich bitte folgende Situation vor: Wir befinden uns im hellgrün gekachelten Behandlungsraum eines Bestattungshauses. Ringsherum Möbel aus Edelstahl, in der Mitte des Raumes der Arbeitstisch und darauf die hagere Leiche des Vaters von Frau Himmelgarth-Rockstroh.

Am Fußende des Tisches knie ich auf dem Boden, vor mir ein Eimer voller Wasser, und ich halte einen Schneebesen in der Hand.

Frau Himmelgarth-Rockstroh steht neben mir, hat die Hände in die Hüften gestemmt und erklärt mir zum abersten Male, warum es wichtig sei, dass man ihren verstorbenen Vater mit energetisiertem Wasser waschen müsse.

Das habe etwas mit einer Phasenverschiebung des Mondes vor Urzeiten zu tun. Seitdem seien wir Menschen nicht mehr im Einklang mit den feinstofflichen Zellfluktuationen auf der Basis von Yin und Yang, wodurch das Yin quasi am Fließen gehindert werde und sich das Yang dann im atmosphärischen Teil des Wassers verklumpe.

Ich gebe zu, ich habe diesen Blödsinn nicht verstanden, muss ich aber auch nicht, es ist ja Blödsinn.

Doch Frau Himmelgarth-Rockstroh sieht das anders:

»Wasser ist das Lebenselixier.«

»Weiß ich doch, man soll zwei bis drei Liter davon täglich trinken.«

»Und wir kommen alle aus dem Wasser, das ganze Leben kommt aus dem Wasser. Und Leitungswasser ist totes Wasser.«

»Ja, aber Ihr Vater ist doch auch tot – wenn Sie verstehen, was ich meine.«

»Wie bitte? Wollen Sie sich jetzt über einen toten Menschen lustig machen?«

»Um Himmels willen, nichts liegt mir ferner. Ich meine nur, es geht um das Waschen eines Toten. Da ist es doch egal, wie lebendig das Wasser ist.«

»Ist es nicht!«

»Wenn Sie meinen, dann rühre ich eben noch ein bisschen.«

»Das wird nichts helfen, das haben wir ja schon probiert, sie rühren nicht schnell genug. Es muss sich drehen, aber so richtig drehen, und zwar linksherum.«

»Ich *habe* linksherum gerührt!«

»Das weiß ich ja, aber sie haben eben nicht schnell genug gerührt. Durch die Drehung gehen die künstlichen Substanzen aus dem Wasser heraus, die die kommerzgeile Wasserindustrie da hineinpumpt, und es kommt kosmische Energie ins Wasser. Aus der Allmacht der Natur, jawoll.«

Ich habe nichts gegen Esoteriker. Meinetwegen können die Leute glauben, der Mond sei aus grünem Käse, und meinetwegen kann sich jeder, der will, eine Frikadelle ans Bein nageln; immer unter der Voraussetzung, dass sie mich nicht zwingen, es ihnen gleichzutun, und dass ich nicht für die Folgen ihres Tuns aufkommen muss.

Frau Himmelgarth-Rockstroh erwartet glücklicherweise auch nicht, dass ich ihren Unsinn glaube, wir haben die Fronten vorher schon geklärt, als es darum ging, ob man den Deckel des Sarges von innen mit Aluminiumfolie auskleiden kann, damit keine schädlichen Handy-Strahlen auf den Verstorbenen einwirken können.

Mit viel Überzeugungskraft war es mir gelungen, die Frau in ihrem bodenlangen Wollrock und dem selbstgestrickten Hundewolle-Pullover davon zu überzeugen, dass diese Strahlen auf Verstorbene keinen negativen Einfluss mehr haben können.

Okay, das hatte sie zwar nicht wirklich eingesehen, sich dann aber zähneknirschend in ihr Schicksal ergeben und zugestimmt, dass wir stattdessen einen Heilstein aus der Toskana in den Sarg legen, der alle Gifte dieser Welt bündeln und in positive Energie umwandeln kann.

Auf das energetisierte Wasser jedoch wollte sie auf gar keinen Fall verzichten.

Zu Hause habe sie so einen Apparat, der das Wasser quasi auf Lichtgeschwindigkeit beschleunigen und drehen könne, und so komme dann die universelle Energie ins Wasser.

»Das müssten Sie mal trinken, wirklich, Sie wären gleich wieder gesund.«

»Ich bin aber doch gar nicht krank.«

»Das sagen Sie.«

»Ja, wirklich, ich habe nichts, ich fühle mich wohl.«

»Das sagen sie alle, aber wenn Sie mal zu unserem chinesischen Arzt gehen würden, also gut, so ein richtiger Arzt ist der jetzt nicht, aber wenn Sie mal zu dem gehen würden, *der* würde was finden!«

»Dann geh' ich da mal lieber nicht hin.«

»Sie nehmen mich wohl nicht ernst, oder?«

»Doch, durchaus …«

»Na, wie dem auch sei, sagen Sie mir lieber, wie wir jetzt das Wasser energetisiert bekommen. Sie rühren jedenfalls viel zu langsam. Es muss sich so ein richtiger Strudel bilden.«

»Keine Ahnung, ich tue ja schon, was ich kann. Ich könnte es nochmals versuchen.«

»Ach was, Sie mögen vielleicht ein guter Bestatter sein, aber Sie sind ein lausiger Wasserdreher.«

»Was ist denn hier los?«, fragt plötzlich eine Stimme hinter uns. Frau Himmelgarth-Rockstroh und ich drehen uns um. Die Stimme gehört Manni, unserem Werkstattleiter. Manni ist geprüfter Bestatter und kommt gerade von einer Überführung zurück. Er hat durch das Fenster in der Tür zum Behandlungsraum Licht gesehen und schaut nun nach dem Rechten.

Hinter Frau Himmelgarth-Rockstohs Rücken verdrehe ich die Augen und mache mit dem rechten Zeigefinger kreisende Bewegungen in Schläfenhöhe. Dann erkläre ich Manni in kurzen Worten, dass wir das Wasser schnell drehen müssen.

Manni sagt: »Chef, das ist doch das geringste Problem, da habe ich eine Idee!«

Und schon ist er verschwunden, um wenig später mit einer Bohrmaschine und einem großen roten Farbquirl wieder aufzutauchen.

»Das Ding nimmt man, um in einem Farbeimer alles umzurühren. Ganz langsam und vorsichtig natürlich, aber ich könnte mir vorstellen, dass das auch auf der schnellsten Stufe geht und dann das Wasser so richtig schön elektrisiert.«

»Energetisiert!«, verbessert ihn Frau Himmelgarth-Rockstroh und macht eine aufmunternde Handbewegung: »Na los, machen Sie schon, ich bin sehr gespannt, ob das klappt.«

Manni stöpselt die Bohrmaschine ein, steckt den Quirl vorne drauf und beginnt, das Wasser im Eimer zu rühren. Und siehe da, es dreht sich perfekt, ein Strudel bildet sich, und als Manni endlich den Schlagbohrgang einlegt, mit dem man zum Beispiel die Betondecke des Führerbunkers durchdringen könnte, beginnt das Wasser in einer eleganten Säule aus dem Eimer emporzusteigen.

Frau Himmelgarth-Rockstroh frohlockt:

»Supi! So muss das sein, das ist ja hervorragend! Sehen Sie, es geht doch! Merken Sie, wie die Energie aus dem Kosmos nun hier einströmt?«

Sie nimmt einen tiefen Atemzug, klopft Manni anerkennend auf die Schulter und verabschiedet sich. Sie müsse noch eine Reiki-Stunde absolvieren, und die Zeit dränge nun.

Ich atme ebenfalls tief durch, aber nicht, weil ich die kosmische Energie verspüre, sondern weil die gute Frau endlich sich und ihren etwas nach sehr lange totem Hund riechenden Pullover aus meiner Gegenwart entfernt.

Manni rührt noch einige Sekunden, dann stellt er den Quirl ab:

»Können wir aufhören?«

»Ja, klar!«

»Und jetzt? Waschen wir den Verstorbenen mit diesem Wasser?«

»Ja, wenn die das so wünschen. Es muss halt eben linksherum gedrehtes Wasser sein.«

»Chef?«

»Ja?«

»Das dreht sich aber rechtsherum.«

»Wie bitte?«

»Ja, ganz eindeutig, es dreht sich rechtsherum.«

»Komm, wir erledigen unseren Job, bevor die wieder-
kommt.«

»Jau, besser ist das.«

DIABETES

»Der hat das aber mindestens vier Mal am Tag benutzt.«

»Das mag ja sein, Frau Schuster, aber Ihr Mann braucht im
Sarg wirklich kein Blutdruckmessgerät mehr.«

»Das ist ja auch kein Blutdruckmessgerät, sondern ein
Blutzuckermessgerät.«

»Braucht er auch nicht.«

»Ja aber, er hat das doch so oft genommen.«

»Sicher, aber jetzt ist er doch tot, da benötigt er so was alles nicht mehr.«

»Und wenn es ihm schlechtgeht?«

»Frau Schuster, der Tod ist auch immer das Ende aller
Krankheit und jeglichen Leidens. Ihr Mann wird ganz bestimmt kein Blutzuckermessgerät mehr brauchen.«

»Könnten Sie es ihm trotzdem in den Sarg legen?«

»Ja natürlich, das können wir machen. Darum geht es auch
gar nicht. Wir legen gerne persönliche Gegenstände mit in
den Sarg. Ich wollte Ihnen nur klarmachen, dass er speziell
dieses Gerät nicht mehr verwenden wird.«

»Hat er aber sonst immer gemacht.«

»Aber jetzt ganz sicher nicht mehr.«

»Nicht mehr?«

»Nee.«

»Wenn Sie das sagen – Sie müssen sich ja da auskennen, als
Bestatter, ich war ja noch nie tot.«

»Ich auch nicht.«

»Und woher wollen Sie dann wissen, was die da unten im Sarg noch alles machen?«

»Die machen nichts mehr, die liegen einfach nur so da.«

»Hm, da könnten Sie recht haben, das hat er zu Hause auch immer gemacht.«

»Was?«

»Nur so daliegen, der hat die meiste Zeit nur so herumgelegen, tagsüber auf dem Sofa und abends im Bett. Viel hat der ja nicht mehr gemacht, nur so herumgelegen.«

»Na sehen Sie, dann legen wir ihm sein Blutzuckermessgerät mit in den Sarg, so als Andenken, und dann ist es gut.«

»Ja, so machen wir das. Nee, Sie haben wirklich recht, der lag immer nur so rum.«

DIE AKTIE

»Mein Franz hatte da so eine Aktie von seinem Fußballverein gekauft.«

»Aha.«

»Da waren die noch ganz billig, und jetzt sind die gestiegen.«

»Von einer Aktie wird man aber nicht reich.«

»Für mehr Aktien hatten wir kein Geld.«

»Sicher, das kann ich verstehen.«

»Und meinen Sie, dass das geht?«

»Dass was geht?«

»Na, das mit der Aktie?«

»Ich verstehe nicht ganz. Ihr Mann ist verstorben und soll nun eingeäschert werden. Weil er so ein Fußballfan war, bekommt er die Urne Modell 43, die aussieht wie ein Fußball. Was hat das jetzt mit der Aktie zu tun?«

»Na, hören Sie mal, das liegt doch wohl auf der Hand.«

»Auf der Hand vielleicht, aber bis in mein Hirn ist es noch nicht vorgedrungen. Ich weiß nicht, was Sie von mir wollen.«

»Die Aktie!«

»Ja, die Aktie, und was ist mit der Aktie?«

»Sie kennen sich aber auch wirklich nicht mit Fußball aus.«

»Ein bisschen schon.«

»Wenn man eine Aktie hat, was hat man dann?«

»Ein Stück Papier?«

»Ja, und weiter? Was ist so eine Aktie?«

»Ein Anteilsschein, würde ich sagen.«

»Sehen Sie, jetzt kommen wir der Sache doch ein bisschen näher.«

»Und was hat diese Aktie jetzt mit der Feuerbestattung Ihres Mannes zu tun?«

»Meinem Mann gehörte also theoretisch ein Stückchen vom Fußballverein.«

»Könnte man so sagen.«

»Na also, da haben wir es doch!«

»Was?«

»Na, die haben doch das Stadion neu gebaut und so einen herrlichen Rasen gepflanzt. Da waren extra Grashalmpflanzer aus Holland da, die jedes einzelne Hälmchen gepflanzt haben.«

»Ja?«

»Und in der Mitte vom Fußballplatz, da ist doch dieser Punkt, da, wo es immer losgeht mit dem Spiel.«

»Ja?«

»Sehen Sie, und genau das Stückchen Rasen habe ich mir rausgesucht, das ist mein Anteil an dem Fußballverein. Ich bin ja schließlich die Erbin der Aktie.«

»Aha.«

»Und genau da soll die Urne von meinem Franz hin.«

»Das geht nicht.«

»Wie, das geht nicht?«

»Das wollten schon viele.«

»Und bei denen ist das nicht gegangen?«

»Nein.«

»Und hatten die auch alle Aktien?«

»Sogar Dauerkarten!«

»Ach, und das ist nicht gegangen?«

»Nein, das geht nicht.«

»Das ist aber schade.«

»Ja, aber es geht nicht.«

»Dann nehme ich doch ein ganz normales Reihengrab.«

VIERSTELLIG

»Können mein Mann und ich nicht in eine Urne?«

»Nein, das geht nicht.«

»Und warum nicht? Wir waren schließlich sechsundvierzig Jahre verheiratet.«

»Weil Ihr Mann gestern gestorben ist und Sie noch leben.«

»Ja und? Was hat das eine denn mit dem anderen zu tun?«

»Wenn überhaupt, dann könnten wir die Asche von zwei Personen nur dann in eine Urne füllen, wenn diese ziemlich gleichzeitig sterben und eingeäschert werden.«

»Wir könnten den aber jetzt in einer etwas größeren Urne beerdigen und in fünfzehn Jahren oder so wieder ausgraben und dann meine Asche dazutun.«

»Das ginge natürlich rein theoretisch. Aber praktisch sehe ich da gewisse Probleme.«

»Und welche?«

»In so einer Urne ist normalerweise nur Platz für die Asche einer Person.«

»Ich bin ja nicht besonders groß.«

»Das macht nichts, es würde trotzdem nicht passen.«

»Und wenn man eine ganz große Dose nimmt?«

»Na ja, dann könnte es eventuell gehen.«

»Geht das auch für drei?«

»Wie, für drei?«

»Nun ja, es ist vielleicht etwas unpassend und noch zu früh, um darüber zu sprechen, aber mein Mann war ja schon lange krank, und ich habe da so einen Verehrer. Ich könnte mir vorstellen, nochmals in den heiligen Stand der Ehe zu treten.«

»Warum nicht? So sind Sie wenigstens nicht allein.«

»Eben! Und der soll dann auch noch mit da rein.«

»Wer? Wo rein?«

»Na, der Theo, der Sangesbruder von meinem Mann, der soll auch noch mit mir und meinem Mann in die Dose.«

»Das geht nun wirklich nicht! Sie können alle ins gleiche Grab, aber jeder in seiner eigenen Urne.«

»Doof! Das finde ich doof!«

»Das ist nun mal so.«

»Na ja, dann muss es eben so sein. Gibt es denn Gräber für drei Personen?«

»Es gibt Einzelgräber, Doppelgräber und große für vier Personen.«

»Für vier? Um Himmels willen, Sie glauben doch wohl kaum, dass ich noch ein drittes Mal heirate.«

»Sie müssen ja nicht alle vier Stellen belegen.«

»Puh, da bin ich aber froh! Gut, dann also eins für vier Personen.«

Die Karaoke-Bar

Frau Schlatt trauert um ihren Egon. Ihr Mann ist schon am Freitag vor Ostern im Josefinen-Krankenhaus verstorben. Dabei ging es ihm an sich bis vor vierzehn Tagen ganz gut, doch dann war er beim Arbeiten im Garten über ein Harke gestolpert, ins Straucheln geraten, in einen Strauch geraten und hatte sich die Hüfte gebrochen.

Im Krankenhaus konnte man zwar ein stabiles, schönes, neues Oberschenkelgelenk einbauen, jedoch gesellten sich hässliche Bakterien dazu, und Egon Schlatt bekam eine Lungenentzündung, sprach dann auf die Medikamente kaum an, und so kam es, dass er nach mehr als einwöchigem Kampf auf der Intensivstation verstarb.

Nein, nein, das sei kein Problem, der Verstorbene könne noch bis nach Ostern in der Kühlkammer des Krankenhauses bleiben, hatte man der Witwe gesagt, die ja in solchen Sachen keine Erfahrung hatte, weil sie erst ganz frisch als Witwe im Dienst war und vorher noch nie Witwe gewesen war. Dann habe sie genügend Zeit, um über Ostern einen Bestatter zu suchen, vor Dienstag könne der sowieso nichts machen.

Da haben die Leute vom Krankenhaus durchaus recht, wie ich meine, jedoch nahm dann die Tochter von Frau Schlatt die Sache in die Hand und überzeugte ihre Mutter davon, dass man heutzutage in solchen Fällen nicht mehr zum Fachmann oder zum Traditionsbetrieb vor Ort gehe, sondern dass man im 21. Jahrhundert so etwas alles über das Internet mache.

»Ich kenne aber gar keinen Herrn Endreut«, protestierte die frischgebackene Witwe.

»Mama, Endreut ist nicht der Name des Bestatters, sondern mein Handy kann Android, das ist dieses Programm da drinne.«

»Und damit kann man den Papa beerdigen?«, wollte Frau Schlatt wissen.

»Nein, Mama, aber damit können wir den Bestatter finden.«

»Aber den muss ich doch nicht finden, der wohnt da drüben an der Ecke, das sind keine zweihundert Meter von hier.«

»Den meine ich doch nicht, der ist doch bestimmt viel zu teuer.«

»Woher willst du das denn wissen, Jutta? Du warst doch noch nie bei dem.«

»Im Internet ist alles billiger, Mama.«

»Ja, und kommen dann auch Leute von dem Internetz zur Beerdigung? Ich will nämlich nicht, dass da Wildfremde kommen.«

»Aber Mama, du kennst dich wirklich nicht aus. Lass mich mal machen.«

Wenig später hatte Tochter Jutta, unterstützt von ihrem Mann Jörn, eine Seite im Internet gefunden, deren Betreiber verspricht, Tag und Nacht, bundesweit für 499 Euro die Menschen unter die Erde zu bringen.

»Da rufen wir mal an. Siehste, Mama, da geht das ganz billig.«

»Na, wenn ihr meint, ich bin ja froh, dass ihr euch kümmert, mir wäre das zu kompliziert. Ich wäre einfach da rübergegangen, sind ja nur zweihundert Meter.«

»Da wirste aber nur abgezockt, hört man doch immer wieder im Fernsehen. Ich ruf jetzt mal den Günstigen an.«

Der Günstige geht nicht an den Apparat. Stattdessen läuft ein Band, und Jutta hört eine lange Ansage. »Wenn Sie aus Brandenburg anrufen, dann wählen Sie bitte die Blablabla, rufen Sie aus Baden-Württemberg an, dann wenden Sie sich bitte an die Blablabla …«

Statt zu sagen: »Das ist aber eine umständliche Geschichte«, sagt Jutta: »Ach, das ist ja toll, die haben überall jemanden. Ich hab mir die Nummer von hier jetzt aufgeschrieben und ruf jetzt da mal an.«

»Hier?«, fragt Frau Schlatt. »Hier aus der Stadt?«

»Nein, aus Gummpeldingenshausen.«

»Wo ist das denn?«

»Keine Ahnung.«

Jörn mischt sich ein: »Ich guck mal in Google.«

Frau Schlatt ist irritiert: »In was für einer Kugel?«

»In Guuuuugel, Mama! Das ist eine Suchmaschine«, erklärt Jutta.

»Eine was?«

»Setzt dich da hin, das ist nichts für dich, trink lieber Kaffee, Jörn und ich machen das schon.«

Frau Schlatt sitzt da, trinkt Kaffee, und ihre Tochter und ihr Schwiegersohn hantieren wie wild mit ihren Handys. Jörn hat keine Ortschaft mit dem Namen Gummpeldingenshausen gefunden, und schon nach »Gumm…« fragt ihn sein Handy: »Meinten Sie Karaoke-Bar?«

»So ein Mist! Ich will doch jetzt nicht singen!«, schimpft er, und Frau Schlatt merkt auf: »Ach ja, der Organist singt auch immer so schön, den müssen wir auch noch bestellen.«

»Das macht doch alles der Bestatter«, beruhigt sie ihre Tochter und wählt nun beherzt die vom Band abgeschriebene Nummer.

Er sei gerade auf der Autobahn unterwegs und habe ganz schlechten Empfang, sagt der Mann am anderen Ende der Leitung. Man solle sich etwas gedulden, er rufe gleich zurück.

»Der ist grad innem Funkloch«, sagt Jutta zu Jörn, und Frau Schlatt fällt dazu ein: »Ach Gott, der Arme, ruft da jemand jetzt die Feuerwehr, um dem da rauszuhelfen?«

Die »Kinder« beachten den Einwand der alten Frau gar nicht, und Jutta hilft Jörn beim Vergrößern der Karte von Gummpeldingenshausen. »Ach du meine Güte, das ist ja gar nicht hier, das ist ja in der Ostzone!«, bemerkt Jörn erstaunt, und Frau Schlatt meint dazu:

»Tante Hedie war auch in der Ostzone, da haben wir immer Päckchen hingeschickt, aber jetzt gibt es die ja nicht mehr.«

»Ja, ja«, sagt Jörn, »die DDR ist weg.«

»Nee, Tante Hedie ist weg, die ist 1984 gestorben.«

Der Bestatter aus Gummpeldingenshausen ruft zurück. Er sei gar nicht weit weg, aber jetzt, am Dienstag nach Ostern, sei sehr viel Verkehr auf den Autobahnen, und es könne so zwei Stunden dauern, bis er da sei, um den Verstorbenen aus dem Krankenhaus abzuholen. Man könne sich ja inzwischen auf der Internetseite einen Sarg und eine Urne aussuchen, dann gehe das nachher alles viel schneller, er müsse ja heute noch nach Flönzstedt und dann wieder nach Gummpeldingenshausen.

Jörn triumphiert: »Guck mal, da isses ja, das Gummpeldingenshausen.«

»Wofür brauchen wir das eigentlich?«, will Frau Schlatt wissen.

»Da ist der Bestatter her«, erklärt Jörn seiner Schwiegermutter, und die fragt: »Wäre es nicht einfacher, wir wären einfach da rübergegangen, ich meine zu dem, der nur zweihundert Meter von hier weg ist?«

»Der ist doch ganz teuer.«

»Aber irgendwie kann ich mir nicht vorstellen, dass einer, der von Gummersbach kommt, billiger sein soll.«

»Gummpeldingenshausen heißt das.«

»Noch schlimmer, das kenne ich gar nicht«, beklagt sich die alte Frau. »Ich wäre ja zu dem da drüben gegangen. Alle anderen, die bei dem waren, die waren sehr zufrieden.«

»Aber der ist teuer, Mama. Der Mann hier am Telefon ist billig.«

»Und wie soll das gehen? Der holt jetzt den Papa am Krankenhaus ab«, fragt Frau Schlatt. »Und dann nimmt der den mit nach Gelsenkirchen?«

»Nach Gummpeldingenshausen!«

»Und was soll Papa da? Das ist doch weit weg. Und dann bringen die den wieder hier auf den Friedhof?«

»Keine Ahnung, ich ruf den nochmal an«, sagt Jutta und tut das auch.

Nein, er nehme den Toten mit, dann komme der in den Sarg, den man sich im Internet ausgesucht habe, und dann käme der Tote nach Tschechien, da sei es sehr schön, und da würde der verbrannt und beigesetzt.

»Wie jetzt? In Tschechien? Wo ist das denn?« Frau Schlatt ist entsetzt. »Ich will ein ganz normales Grab, hier auf dem Friedhof, wo ich dem Papa Blumen hinbringen kann.«

Tochter Jutta gibt das an den Internetbestatter weiter, und der beruhigt sie: »Das geht ja auch, kein Problem, ist bloß ein bisschen teurer.«

»Wie viel denn?«

»Das kann ich jetzt so aus der Hüfte nicht sagen, aber mit 499 Euro kommen wir dann nicht hin.«

»So ungefähr.«

»So ungefähr? Na ja, ich würde mal sagen, so mit einem mittleren Sarg und einer Urne … Na ja, so an die achtzehnhundert Euro. Ohne Grab, versteht sich.«

»Das wird dann aber doch ziemlich teuer«, meint Jutta, und der Bestatter sagt: »Sie wollen ja was Besonderes, das kostet dann. Tschechien gibbet für vier neunundneunzig.«

Tochter Jutta bedankt sich, legt auf und blickt ratlos in die Runde.

»Könn'wer nicht doch zu dem da drüben gehen?«, fragt Frau Schlatt ganz vorsichtig, und Jörn meldet aus dem Hintergrund: »Es gibt zwei Gummpeldingenshausen, eins in Bayern und eins in Thüringen.«

»Kinder, ist ja lieb von euch und eurem Herrn Endreut, aber ich geh jetzt zu dem da drüben. Ruft mir bloß beim Herrn Endreut in Gummersbach an, nicht dass der doch noch herkommt. Ich geh da rüber!«

Jutta hebt resignierend ihre Schultern, und Jörn schaut kurz von seinem Smartphone auf: »Bis zu dem Gummpeldingenshausen in Thüringen sind es über fünfhundert Kilometer.«

»Ich geh da rüber!«

AUSSTATTUNGSFRAGEN

»Haben Sie denn keine Kutsche? Ich meine – so eine schwarze Kutsche mit sechs oder acht Pferden? Es gibt doch solche Leichenkutschen, so eine will ich für meinen Vater. Der soll anständig zum Friedhof gebracht werden, nicht in einem gewöhnlichen Mercedes.«

Das sagt Herr Schuster zu mir und ich nicke zunächst mal nur. Es gibt tatsächlich Firmen, die solche Kutschen mitsamt Pferden extra für außergewöhnliche Beerdigungen verleihen. Das ist aber sehr teuer und aufwendig, und so kommt es, dass der Kutschenverleih zwar gut im Geschäft ist, seine Fahrzeuge und Pferde aber hauptsächlich an in- und ausländische Filmgesellschaften vermietet, die historische Filme drehen.

Herr Schuster hat uns, wie das bei Sterbefällen oft so ist, mehrere Schubladen voller Unterlagen seines verstorbenen Vaters gebracht, die wir aussortieren sollen. Während ich mit ihm im Beratungszimmer sitze, sind im benachbarten Büro meine Mitarbeiterin Frau Büser und die angestellte Bestatterin Sandy schon damit beschäftigt, die Unterlagen zu sichten. In erster Linie geht es darum, herauszufinden, wie viele Lebens- und Sterbeversicherungen der alte Herr abgeschlossen hatte.

Hier ist der Sohn, Herr Schuster, sehr zuversichtlich und rechnet offenbar mit einer großen Summe.

»Und Blumen! Überall soll es Blumen geben, ein ganzes Meer gelber Blüten, in dem der Sarg fast versinkt.«

Blumen bei Beerdigungen sind teuer, das ist nun mal so, und ich rechne ihm vor, dass sein Blumenmeer fast tausend Euro kosten wird. Er tut das mit einer fast schon ärgerlichen Handbewegung ab. Geld spiele doch keine Rolle, er habe seinem Vater so viel zu verdanken, und deshalb dürfe er sich jetzt bei der Bestattung nicht lumpen lassen.

»Eine ganzseitige Anzeige in der Zeitung, nur für meinen Vater, mit ganz wenig Text, aber den Namen schön groß und mit einem Kreuz, das von einer Rosenranke umwunden ist.«

Wieder gibt er fast zweitausend Euro aus, die nicht wirklich nötig wären. Doch er ist noch nicht am Ende.

»Und der Sarg hier, der ist ja wirklich toll, was ist denn das für einer?«

»Das ist der sogenannte Adenauer-Sarg, eine hohe Kuppeltruhe mit aufwendigen Schnitzereien aus Italien. Alles reine Handarbeit aus einem Kloster. Die Tafeln an den Deckelseiten werden über zwei Jahre von Mönchen geschnitzt und dann in den Sargdeckel eingepasst. Das Deckelbrett ist mit feinen Intarsien aus Birnbaum gearbeitet, und die vier Ecken des Unterkastens zeigen vier Apostel. Auch alles Handarbeit. Am Fußende haben wir die blattvergoldete Kaiserkrone und am Kopfende eine komplette, geschnitzte Darstellung des

Auszuges des Volkes Israel aus Ägypten, alle Teilnehmer einzeln geschnitzt. Sehr teuer!«

»Wie teuer?«

»Fast zehntausend Euro.«

»Nein!«

»Doch. Ich sagte ja, der ist teuer.«

»Nein, so meine ich das nicht, ich bin überrascht, wie günstig der ist, wenn man bedenkt, wie viel Arbeit da drinsteckt. Genau der Sarg soll es sein! Stellen Sie sich vor, wie der aussieht, hinten in der gläsernen schwarzen Kutsche und dann später in der Trauerhalle in dem Meer aus gelben Blüten. Ein Traum!«

In diesem Moment kommt Frau Büser herein und reicht mir einen Zettel herüber. Ich werfe einen Blick darauf und zeige ihn Herrn Schuster.

Der atmet tief durch und wird ganz blass. Offenbar hat sein alter Herr schon vor Jahren alle Lebensversicherungen aufgelöst, und es bleibt nur eine Sterbeversicherung über knappe zweitausend Euro.

»Wissen Sie was«, sagt er, nachdem er einmal tief durchgeatmet hat, »wir lassen das mit der Kutsche. Wenn wir den schmalen grauen Pappelsarg da vorne für siebenhundertfünfzig Euro nehmen, brauchen wir keine so große Kutsche. Mein Vater war doch eher ein schlichter Mensch. Der hätte diesen Prunk gar nicht gewollt. Wozu braucht man da so viel teure Sachen? Sterben muss doch schließlich jeder, das ist doch nichts Besonderes. Eine kleine Anzeige tut es auch, und wenn man meinem Vater ein kleines Sträußchen gelbe Blumen auf den Sarg legt, dann ist das einfach schlicht und schön. Tut mir leid, Ihr Bestatter wollt ja immer nur verkaufen, aber nicht mit mir! Ich hatte mir von vornherein ein Limit gesetzt. Mehr als zweitausend Euro wollte ich eigentlich nicht ausgeben.«

»Sie, ich ruf Sie jetzt an, weil das so nicht geht!«

»Was geht so nicht?«

»Das mit dem Beruf von meinem Mann.«

»Ja, was ist denn damit?«

»Mein Mann war Finanzmakler.«

»Ja, das weiß ich, das sagten Sie mir beim ersten Beratungsgespräch.«

»Und hier steht das jetzt aber ganz falsch.«

»Wo steht das ganz falsch?«

»Auf dem Zettel vom Friedhofsamt.«

»Aha, aber ehrlich gesagt, damit haben wir vom Bestattungshaus nichts zu tun. Den Zettel bekommen Sie als Angehörige, nachdem Sie sich auf dem Friedhof ein Grab ausgesucht haben.«

»Aber der Beruf ist trotzdem falsch.«

»Was steht denn da?«

»Persianer!«

»Persianer?«

»Ja, mein Mann war doch kein Persianer, der war Finanzmanager, der war an der Börse.«

Ich rufe also nun den Friedhofsverwalter an, der diesen Schein ausgefüllt hat, und frage ihn, warum er da »Persianer« hingeschrieben hat.

»Datt ham die mir so gesacht.«

»Der Mann war aber Börsenmakler und kein Persianer.«

»Hab ich doch auch aufgeschrieben, watt woll'n Se eigentlich?«

»Sie haben Persianer hingeschrieben.«

»Ja, datt ham die so gesacht. Der Mann wär watt mit Aktien an'ne Börse gewesen und Persianer.«

»Börsianer! Die haben Börsianer gesagt!«

»Ja, sach ich doch! Börsianer.«

»Sie haben aber Persianer geschrieben.«

»Hörn'se ma, ich hab meine Zeit auch nich gestohlen. Watt weiß ich denn, wie man Börsianer schreibt?«

BONSAI

»Und wenn dann die Erde mal ein bisschen gesackt ist, dann pflanze ich meinem Vater einen schönen Bonsai-Baum aufs Grab.«

»Das ist eine hübsche Idee. Bonsai-Bäume haben etwas ganz Besonderes.«

»Ja, und wenn man den schön düngt, dann wird der riesengroß.«

»Wie bitte? Riesengroß?«

»Ja sicher, das ist doch die besondere Herausforderung dabei. Diese armen japanischen Baumkrüppel, denen muss man doch helfen, damit die schön groß werden.«

»Aber das ist doch eben gerade das Besondere an Bonais, dass die so klein sind.«

»Ja, und ich mach sie groß. Mit Guano!«

»Dann ist doch aber der besondere Reiz weg. Man züchtet die doch extra so, dass sie so schön klein bleiben.«

»Wie? Extra so klein?«

»Ja, sicher!«

»Das habe ich ja noch nie gehört.«

»Ist aber so.«

»Also, ich mach die immer groß. Sicher, das dauert ein paar Jahre, aber wenn man die schön in Humuserde setzt und immer düngt, dann wachsen die wie's Lottchen.«

»Ist aber nicht Sinn der Sache, da könnten Sie ja auch ganz normale junge Bäume holen und großziehen.«

»Mir geht es aber um die armen kleinen Japaner. Die tun mir so leid, diese kleinen Krüppelbäumchen. Nee, nee, da können Sie sagen, was sie wollen, ich kaufe weiterhin Bonsais und mach die groß.«

DIE DREIZEHNER-LEICHE

Es ist schon dunkel draußen – es wird ja früh dunkel um diese Jahreszeit –, und im Büro ist es gemütlich warm. Das heißt, wenn ich ehrlich bin, schwitze ich wie ein Torero, der des Stieres Horn im Hinterteil stecken hat, es ist nicht nur warm, es ist brütend heiß. »Is’ schön gemütlich!«, kräht Antonia, und Sandy läuft ebenfalls an meinem Büro vorbei, barfuß natürlich, und schließt sich unserem Dickerchen an: »Ja, richtig schön angenehm!« Und im Schlepptau folgt ihnen Frau Büser, die zwar eine dicke Strickjacke trägt, es aber immer »noch ein kleines bisschen kühl findet, nicht mehr ganz so kalt wie gestern, aber immer noch nicht so richtig schön warm«.

Ich lehne mich in meinem Sessel zurück und seufze schicksalsergeben. Und während ich mich so zurücklehne, fällt mein Blick nach oben … und was sehe ich da? Kondenswasser sammelt sich an meiner Decke in dicken Tropfen wie in einem Gewächshaus mit tropischen Pflanzen.

Es ist die kalte Jahreszeit, und das bedeutet, dass wir Männer hier in der Firma gebrüht, gesotten und getrocknet werden, während der weibliche Teil der Belegschaft und Familie ständig friert.

Aber das wollte ich eigentlich gar nicht erzählen. Eigentlich geht es um etwas ganz anderes.

Es klingelt nämlich an der Tür, und weil ich die Hoffnung hege, beim Öffnen der Tür etwas Frischluft abzubekommen, beeile ich mich und bin als Erster dort. Draußen steht eine ältere Dame und fragt: »Sie sind doch ein Bestattungshaus, oder?«

»Also, ich bin Bestatter, und das hier ist das Bestattungshaus.«

»Na prima, meine Schwester ist tot.«

Und wie Tausende Male zuvor zu anderen Leuten, sage ich auch zu dieser Dame: »Bitte kommen Sie doch herein«, trete an die Seite, und während die kleine, zierliche Frau, die ein bisschen aussieht wie Inge Meysel, eintritt, sehe ich, dass draußen vor der Tür ein Wagen steht, in dem jemand auf dem Beifahrersitz sitzt.

»Ist das Ihr Auto?«, frage ich »Frau Meysel« und deute auf den feuerwehrroten B-Kadett. Die Dame nickt und fragt: »Wieso? Darf der da nicht stehen? Dann fahre ich ihn schnell weg.«

»Nein, das ist es nicht, da können Sie parken, aber wollen Sie Ihre Begleitung nicht auch hereinbitten, es ist doch schon ziemlich kühl draußen.«

»Nö, das macht der nix aus, *der* nicht!«

Gut, ich lasse es dabei bewenden und führe die Dame zum Beratungszimmer. Auf dem Weg dorthin kommt mir Frau Büser entgegen und fragt im Flüsterton: »Da sitzt doch noch jemand im Auto, wollen wir den nicht hereinbitten?«

Ich schüttele nur kurz den Kopf und sage: »Das geht schon in Ordnung.«

So sitze ich also schon eine ganze Weile mit »Frau Meysel«, die in Wirklichkeit Frau Schöngruber heißt, im Gespräch, und wir haben schon so ziemlich alles wegen der Erdbestattung ihrer Schwester besprochen, da klopft es kurz, Frau Büser tritt halb ein und sagt: »Tschuldigung, falls ich störe, Chef, da ist was mit dem Dreizehner.«

Keiner bei uns weiß, was ein Dreizehner ist, es könnte durchaus ein 13-Millimeter-Schraubenschlüssel sein, aber das spielt auch überhaupt keine Rolle. »Der Dreizehner« ist nur ein verabredetes Codewort für »Kommen Sie sofort mit, auf der Stelle, jetzt, unverzüglich!«. Wir haben mehrere solche Ausdrücke, die Kunden müssen ja nicht alles mitbekommen. Frage ich zum Beispiel im Beisein eines Fremden nach einem bestimmten Mitarbeiter, und derjenige befindet sich gerade auf der Toilette, dann lautet die Antwort immer, dass derjenige »in Abteilung siebzehn« ist. Kunden, die noch nie in einem Kaufhaus gearbeitet haben, wo solche Kürzel auch gebräuchlich sind, ahnen nicht, worüber wir uns unterhalten.

Aber jetzt ist niemand »auf siebzehn«, sondern es stimmt was mit dem »Dreizehner« nicht, also entschuldige ich mich kurz bei Frau Schöngruber und folge Frau Büser. Die ist ganz aufgeregt und zieht mich hinter sich her ins Weiberbüro schräg gegenüber: »Chef, das glauben Sie nicht!«

»Was glaube ich nicht?«

»Los Antonia, erzähl!«, fordert Frau Büser Antonia auf.

Antonia und Sandy sind auch ganz aus dem Häuschen, und Antonia erzählt: »Der Frau Büser hat die Person im Auto so leidgetan, und da hat sie mich gebeten, ich soll doch mal rausgehen und fragen, ob die vielleicht einen heißen Kaffee will, es ist doch so kalt draußen.«

»Ja, und?«

»Ja, und dann bin ich rausgegangen und hab in das Auto geguckt.«

»Ja, und weiter?«

»Da da … da …«

»Hör doch auf zu stammeln«, unterbricht Sandy ihre Kollegin und setzt an ihrer Stelle den Bericht fort: »Antonia ist also gucken gegangen und hat an die Scheibe geklopft, und die Person hat sich nicht bewegt.«

»Und dann hab ich mit meiner kleinen Taschenlampe am Schlüsselbund da reingeleuchtet«, sagt Antonia und hechelt vor Aufregung wie ein Mops nach einem Dauerlauf.

»Ja, und dann?«

»Dann hab ich sie gesehen!«

»Wen?«

»Na, die Leiche!«

»Was denn für eine Leiche?«

»Da sitzt eine Leiche auf dem Beifahrersitz!«

»Nee, oder?«

»Doch!«

»Glaub' ich nicht.«

»Doch ehrlich, Chef, ich schwör's!«

In dem Moment geht die Tür vom Beratungszimmer auf, und Frau Schöngruber schaut heraus: »Sie, wo ist denn da mal die Toilette, ich müsste mal den Kaffee wegbringen.«

Antonia und Frau Büser zucken zusammen, Sandy zieht die Augenbrauen hoch, und ich stehe da zwischen den vier Frauen und muss jetzt Licht in die Sache bringen.

Sollte Frau Schöngruber eventuell wirklich die Leiche ihrer Schwester gleich mitgebracht haben?

»Entschuldigung, Frau Schöngruber, unsere Frau Büser wird Ihnen sofort zeigen, wo die Toiletten sind, aber erlauben Sie mir bitte eine Frage. Meine Mitarbeiterin ist an Ihrem Auto vorbeigekommen und hat die Person auf dem Beifahrersitz gesehen, wer ist das denn bitteschön?«

»Kann ich Ihnen gleich zeigen, aber erst muss ich den Kaffee wegbringen.«

Während Frau Büser die Dame zum WC begleitet, stehen wir anderen herum und warten ungeduldig. Es vergehen endlose Minuten, die alte Dame muss eine Badewanne voll Kaffee getrunken haben. Endlich kommt sie, klappert mit ihrem Autoschlüssel und meint: »Wollen wir?«

Sie schließt die Beifahrertür auf, und im schwachen Schein der Straßenbeleuchtung sehe ich das ganze Leichendrama in allen Ausmaßen.

Frau Schöngruber sagt: »Darf ich vorstellen, das ist Franziska!«

Sandy ist die Erste, die lacht, dann fällt auch Antonia in das Lachen ein, und schließlich kichert auch Frau Büser vor sich hin.

Vor uns auf dem Beifahrersitz hockt keine Leiche, sondern eine in Männerkleidung gewandete Aufblaspuppe aus dem Sex-Shop, die eine ziemlich alte graue Lockenperücke auf dem Kopf hat.

Frau Schöngruber macht eine beschwichtigende Handbewegung und sagt: »Das ist Franziska, meine Begleiterin, die sitzt immer neben mir im Auto. Seitdem ich Franziska habe, ist nie wieder in mein Auto eingebrochen worden, und vor allem … es sprechen mich keine Männer mehr an, als Frau kann man ja nicht vorsichtig genug sein.«

TRAU, SCHAU, WEM

Die folgende Geschichte muss ich einfach auch noch erzählen. Es sind ja manchmal nicht nur die Kunden und Fragesteller, die für lustige Begebenheiten sorgen. Im folgenden Fall ist es ein Pfarrer im Ruhestand. Weitere Protagonisten sind unsere Bürovorsteherin Frau Büser und unsere Angestellte Sandy sowie eine gewisse Frau Tschachkowiak, die allerdings eine eher getragene Rolle spielt.

Pastor Zittelmann ist schon alt und wohnt im Schwestern-haus. Da der katholische Geistliche keine Ehefrau und ver-mutlich auch keine Kinder hat, ist das für ihn eine gute Lö-sung. Da wohnen noch mehr alte Leute, so ist er nicht alleine, und weil viele von denen früher viel Rindfleisch gegessen ha-ben, vergessen sie auch viel, und so kann er seine nicht enden wollenden Geschichten aus vierzig Jahren Pfarrdienst sozusa-gen in einer Endlosschleife zum Besten geben. Überdies ver-sorgen ihn die Schwestern, die heute in der Mehrzahl gar kei-ne mehr sind und zu einem gewissen Teil sogar männlich sind, sehr gut. Und als frommer Mann hat er dort sein eigenes Zim-mer.

Nun ist es aber so, dass allenthalben Pfarrer fehlen, und so setzt man den alten Herrn gerne für die eine oder andere Be-erdigung ein. Und der Dauerbrennerwitz von Frau Büser ist: »Pastor Zittelmann, haben Sie Zeit für eine Beerdigung?« Und was antwortet er dann immer? Genau: »Wenn's nicht meine eigene ist.« Hahaha.

Aber nein, Pastor Zittelmann ist ein ganz Netter, und sein Salär ist seit eh und je die Übernahme der Taxikosten und eine Flasche Doppelkorn.

Große Trauerfeiern, bei denen die Angehörigen Wert auf ein ausführliches Gespräch mit dem Geistlichen oder dem Red-ner legen, können wir Pastor Zittelmann nicht geben. Er ruft vorher nur bei den Leuten an und hält dann eine sehr schöne, würdevolle und andächtige Trauerfeier, die allerdings immer gleich ist. Da es aber genug alte Herrschaften gibt, auf die sei-ne Trauerrede passt, können wir ihn wirklich guten Gewis-sens bei so einigen Standardtrauerfeiern einsetzen.

Nach dem Krieg mit aufgebaut, Kinder großgezogen, Kin-der weggezogen, in Vereinen tüchtig mitgeholfen, immer zu allen gut gewesen, in Haushalt oder Beruf angesehen und stets aufopfernd fleißig, Silber- oder Goldhochzeit gefeiert und viele Freunde und Verwandte schon zu Grabe getragen …

Passt oft, fast immer, zumindest bei den Alten.

Da fügt er dann noch den Namen ein, die Firma, den Beruf und so einige Kleinigkeiten. Den Leuten gefällt's, der würdevolle, weißhaarige Mann mit der angenehmen Stimme ist sehr beliebt, und entweder stört es keinen, dass es immer derselbe Sermon ist, oder sie merken es schlicht und ergreifend einfach nicht.

Das Taxi hält vor unserem Haus, Pastor Zittelmann kommt ins Büro, unter dem Arm seine abgegriffene braune Aktentasche – und was wird er wollen? Seine Flasche Doppelkorn. Frau Büser geht raus, regelt das mit dem Taxi, und Pastor Zittelmann winkt fröhlich zum Abschied. Mit dem weißen Bart, den er seit einiger Zeit hat, sieht er fast ein bisschen aus wie der Weihnachtsmann.

Normalerweise läuft das so. Dieses Mal ist Pastor Zittelmann etwas aufgeregt.

»Guckt euch mal an, was mir passiert ist«, sagt er und lupft seine dunkelgraue Weste, die unter dem schwarzen Anzug seinen durchaus passablen Bauch kaschiert. »Hab ich vergessen!«

»Was denn?«, will Antonia wissen, und der Pastor nickt in Richtung seines Bauches: »Da! Sieht man doch. Ich hab vergessen, meinen Gürtel anzuziehen, und jetzt rutscht mir die Hose.«

»Kein Problem!«, ruft Sandy, die niemals um eine Antwort oder Lösung verlegen ist, und hat von irgendwoher einen struppigen Strick herbeigezaubert. Völlig keusch und ohne weitere Hintergedanken sind kurz darauf drei Frauen damit beschäftigt, das widerspenstige Tau durch die Laschen von Pastor Zittelmanns Hose zu ziehen und fachmännisch zu verknoten. »Zieht die doch nicht so hoch, Mädels, ich krieg ja keine Luft mehr!«

»Müssen wir aber, wenn die Hose nicht übern Bauch kommt, rutscht die Ihnen wieder weg«, sagt Frau Büser und zieht noch etwas fester am Strick.

»Ich trage aber meine Hosen immer unterm Bauch, und jetzt beißt das im Schritt«, mault der Gottesmann. Aber Frau Büser kennt keine Gnade: »Entweder Hose verlieren oder leiden, was wollen Sie?«

Er hat sich wohl fürs Leiden entschieden, denn kurz darauf geht er, winkt weihnachtsmännisch und fährt mit dem Taxi von dannen, um Oma Tschachkowiak zu beerdigen.

Die weiteren Begebenheiten sind mir zugetragen worden; erst beim Finale war ich wieder live dabei.

Schon während der Trauerfeier habe Pastor Zittelmann so komisch herumgehampelt. Es habe ausgesehen, als wanke er die ganze Zeit von einem Bein aufs andere, und das im Takt seiner Worte. Rechtes Bein, die liebe Verstorbene, linkes Bein, Agnes Tschachkowiak, rechtes Bein, war eine gute, linkes Bein …

Auch sei die Gesichtsfarbe des Pastors immer mehr ins Rötliche gewechselt, so dass einige der Trauergäste schon Angst bekamen, der alte Mann könne ernsthafte Kreislaufprobleme haben. »Der hat auch immer schneller gesprochen, und am Ende konnte man kaum noch verstehen, was er sagte, so schnell war der«, erzählte mir später der Friedhofswärter. »Dann hat er den Knopf gedrückt, damit wir den Sarg rausfahren, und statt hinterm Sarg herzulaufen, ist der nach rechts aus der Halle verschwunden. Ich bin dann hinterher und sehe, wie der zum Klo abbiegt, und höre noch, wie er ruft:

›Ich muss brunzen wie ein Elch!‹ Gott sei Dank hat das keiner von den Trauergästen gehört. Der war aber schnell wieder da, das Gesicht immer noch hochrot, und lief so mit Tippelschritten. So schnell ist noch kein Pfarrer hinterm Sarg hergelaufen; der hat die Frau Tschachkowiak ja fast über den Friedhof geschoben mit seinem Bauch. Wir sind doch nicht bei der Rallye Monte Carlo! Die Trauergemeinde war so weit auseinandergezogen wegen seinem Tempo, dass manche von den ganz Alten gar nicht nachgekommen sind. Und Sie, passen Sie auf, ich erzähl Ihnen was: Der war mit seinen Segenssprüchen schon fast fertig, als die Letzten ans Grab kamen. So was Schnelles hab ich noch nicht erlebt. Und dann, wo die angefangen haben, den Sand ins Grab zu werfen, da ist der schon ab durch die Mitte.«

Ab durch die Mitte bedeutet, dass er kaum zehn Minuten später bei uns im Büro auftauchte, hechelnd, stöhnend, mit hochrotem Kopf, und rief: »Chef! Wo ist euer Chef? Bringt mir euren Chef und ein Messer, ganz schnell ein Messer!« Und kaum hatte er es gerufen, kam Frau Büser auch schon mit einem klitzekleinen Taschenmesser in mein Büro und schob mich in Richtung unserer Toiletten, wohin der Pastor verschwunden war.

»Los, aufschneiden! Ich sterb' gleich, ich nässe gleich ein! Ich muss schiffen wie ein Kamel! Helfen Sie mir! Los, Strick durchschneiden!«

Nun probiere mal einer, mit einem nahezu stumpfen, winzig kleinen Taschenmesser ein Tau durchzuschneiden, mit dem man in Hamburg Schiffe anbinden würde! Ich kniete also vor dem Pastor, er hielt seine Weste hoch und tippelte von einem Bein aufs andere und machte dabei gequälte Geräusche und ein verzerrtes Gesicht. Gut, dass das keiner gefilmt hat!

Es ist klar, die Damen hatten dem alten Herrn die Hose viel zu hoch gezogen und den Strick so verknotet, dass er ihn bei seinem Toilettengang, den der etwas blasenschwache Mann vor jeder Trauerfeier absolviert, nicht aufbekommen hatte. Wird schon gehen, hatte er sich gedacht, die Rechnung aber ohne seinen Blasendruck gemacht. Auch als er nach der Trauerfeier kurz verschwunden war, hatte er den Strick nicht aufbekommen, und den Reißverschluss hatten die Damen ihm so hoch auf den Bauch gezogen, dass er durch den Schlitz nicht an das herankommen konnte, was Männer so zum Pipi-machen brauchen …

»Aaaaah, ooooooooh, uiiiiiiiii«, das waren die Worte von Pfarrer Zittelmann, als er nach einem fast schon heroischen Messereinsatz meinerseits endlich in der Kabine der Erleichterung verschwinden konnte.

Ich kann ihn verstehen.

Über den Autor

Peter Wilhelm ist profunder Kenner der Bestattungsbranche und wird von vielen Fernsehsendern und Pressepublikationen regelmäßig um seine Stellungnahme zu Fragen rund ums Thema Bestattung gebeten.

Der Autor war über viele Jahre in verschiedenen Bestattungshäusern tätig, unter anderem mit einem eigenen Institut mit mehreren Filialen, sowie als freier Berater in der Bestattungsbranche. Heute lebt er als Publizist mit seiner Familie in der Nähe von Heidelberg.

Neben anderen Werken ist von Peter Wilhelm bei Knaur auch das Buch *Gestatten, Bestatter! Bei uns liegen Sie richtig* erschienen.

Seit 2007 bloggt er tagesaktuell als »Undertaker Tom« im »bestatterweblog.de«.

Als Text- und Ideenlieferant ist er außerdem am musikalisch-literarischen Kunstprojekt »Finale« beteiligt.

Übrigens: Wenn auch Sie eine Frage zum Thema Bestattung haben, so scheuen Sie sich nicht, diese über das Weblog (www.bestatterweblog.de) an den Verfasser zu stellen.

DANKSAGUNGEN

Viele Fragen und Texte in diesem Buch entstammen dem Bestatterweblog *(www.bestatterweblog.de)*. Ich danke den Lesern und Kommentatoren des Weblogs ganz herzlich.

Ein großer Dank gebührt meiner Frau Anke und meinen Kindern, die mir genügend Freiraum gelassen haben, damit ich dieses Buch fertigstellen konnte.

Dankeschön sage ich auch Frau Ursula Aeberhardt, Geraldine und Peter Roskothen, Hennie Bergmann und Christian Hortig für ihre Unterstützung dieses Projekts und Joachim Jessen von der Literaturagentur Schlück und Frau Julia Sommerfeld vom Knaur Verlag sowie Herrn Marc Albrecht für ihre fachkundige Beratung.

Danke auch an Apple für die besten Computer der Welt, die einen vor technischem Quark verschonen, so dass man sich gut auf seine eigentliche Arbeit konzentrieren kann.

Danke, liebe Tchibo-Leute, für den leckeren Kaffee, der mich manche Nacht über dem Manuskript wachgehalten hat.

Bei der Abfassung dieses Buches wurden keine Tiere und keine Pflanzen gequält oder getötet. Auch das Papier, auf dem das Buch gedruckt ist, stammt ausschließlich von waidgerecht erlegten Bäumen, die zum Zeitpunkt der Papierherstellung bereits tot waren.

Die in diesem Buch genannten Personen und Umstände sind der Wirklichkeit entnommen, jedoch so weit verändert, dass keine Rückschlüsse auf lebende oder verstorbene Personen möglich sind. Falls Sie sich dennoch wiederzuerkennen glauben, so ist das reiner Zufall und nicht beabsichtigt.

Dieses Buch ist allen Bestattern dieser Welt, ihren Familien, Mitarbeitern und Zulieferern gewidmet. Sie erweisen den Menschen den letzten Dienst und tun dies ganz überwiegend mit großartigem Einsatz.